Claudia Filker

10 ½ gute Gründe ... lieber locker zu bleiben

Zufrieden sein, auch wenn das Leben nicht perfekt ist

BRUNNEN

VERLAG GIESSEN · BASEL

© 2009 Brunnen Verlag Gießen
www.brunnen-verlag.de
Lektorat: Petra Hahn-Lütjen
Umschlagfoto: Getty Images
Umschlaggestaltung: Sabine Schweda
Satz: DTP Brunnen
Druck und Bindung: CPI – Ebner und Spiegel, Ulm
ISBN 978-3-7655-4053-0

Inhalt

Vorausgeschickt:

Kommt es Ihnen bekannt vor?

Ich habe manchmal dieses „Jetzt-kann-es-klick-machen"-Gefühl: Jetzt ist es gut in deinem Leben, Claudia. Das Standbild, bitte! Ja, wenn mal alles rundläuft!

Ich stehe morgens gerne auf, freue mich auf den Tag. Das Leben ist leicht, die Familie nett, der Nacken nicht verspannt und selbst die Sonne weiß, dass sie gerade jetzt scheinen soll. Eine Wohligkeit durchflutet Seele und Körper bis in die letzten Fasern und Fußspitzen. Perfekt! Ist das der Vorraum des Paradieses? Ja, vielleicht …

Und dann ist wieder alles ganz anders: Die Sonne scheint, aber leider sind die Fensterscheiben schmutzig! Sie machen einen Waldspaziergang im flirrenden Sonnenlicht, aber in Ihrem Kopf spukt das Gespräch von gestern Abend, und Ihr Ärger wächst und wächst. Morgens im Büro, die neue Kollegin wurde doch so dringend gebraucht, und jetzt sitzt da die junge, spritzige, gut aussehende Frau, und Sie kommen sich auf einmal richtig alt und lahm vor. Unzufriedenheit macht sich breit. Kopfkino vertreibt die gute Laune. Neid und Nörgelei kriechen aus ihrem Versteck.

Pech! Mal wieder in die Falle gestolpert, die man selbst ausgelegt hat! Denn die Sonne scheint immer noch, der Wald tut gut und die neue Kollegin ist wirklich eine echte Hilfe. Warum nur schaffen wir es, uns selbst so vieles „kaputtzudenken", schlechtzureden?

Einfach nicht gut drauf sein, meckern, nörgeln, weil es

hier und da nicht passt und wir es uns selbst auch nicht recht machen können – Hand aufs Herz, das kennen Sie doch, oder?

Auf den nächsten Seiten geht es um dieses weit verbreitete Gefühl der Unzufriedenheit, das sich wie ein enges Korsett um die Seele vieler Menschen legen kann.

Sind wir der unzufriedenen Nörgelstimmung einfach ausgeliefert? – Nein, sind wir nicht! Und ich will zeigen, dass und wie wir öfter eingreifen können, als wir denken!

Damit kein Missverständnis entsteht: Die oben beschriebene Leichtigkeit gibt es, ja, die gibt es tatsächlich – aber sie ist uns wirklich nur für besondere Momente des Lebens verheißen. Ein kleiner Blick in den Vorraum des Paradieses, kleine Momente erhaschter Glückseligkeit. Und rums! – die Tür ist wieder zu. Das ist die Realität. Alles andere ist Film-, Roman- oder sonst ein Traum.

Misstrauen Sie also denen, die Ihnen das Paradies versprechen! Und lassen Sie sich nicht einwickeln von denen, die sagen und schreiben, dass man mit der richtigen positiven Einstellung ganz wacker einfach immer allen Widrigkeiten des Lebens trotzt, leicht durchs Leben geht und dabei noch erfolgreich ist.

Und doch – es geht eben doch häufig eine ganze Portion leichter, gelassener – einfach lockerer! Oder sagen wir besser: un-beschwerter.

Und darum soll's hier gehen.

Wir reisen oft so schwer bepackt durch unser Leben. Unnötig schwer bepackt. Wir sind mit Gepäckstücken beladen, die uns den Gang erschweren. Sicher, da gibt es die großen Themen wie Schuld, Verletzungen, eine schwierige Kindheit, schwere Schicksalsschläge – die haben Gewicht. Um diese schweren Gepäckstücke soll und kann es aber auf den nächsten Seiten nicht gehen.

Die kleinen Alltäglichkeiten sind's, die sich allzu oft zu großen Lasten anhäufen – ganz schnell und eben ganz unnötig. Und das lässt sich vermeiden!

Ich lade Sie ein, sich auf den kommenden Seiten einige dieser kleineren Gepäckstücke anzuschauen, die aber in der Summe auch eine ganz schöne Last zusammenbringen.

Locker bleiben, locker lassen – das heißt ablegen, was wir immer wieder ablegen können: Undankbarkeit, Missstimmungen, eingefahrene Wegstrecken, Verbissenheit, falsche Erwartungen, ungutes Kopfkino …

Ich will Ihnen zeigen, wie's praktisch geht.

Wir tappen so häufig in eine Denkfalle: Wenn die Umstände anders wären, mein Mann liebevoller, der Chef freundlicher, die Kinder fleißiger, ich ein paar Pfund schlanker, du ein bisschen ordentlicher, meine Freundin zuverlässiger – ja, dann, dann wäre ich zufrieden. – Irrtum! Die Quelle des Glücks und der Zufriedenheit liegt viel weniger, als wir annehmen, in den Umständen des Lebens, sondern viel häufiger in uns selbst, in unserem Denken.

Ich möchte mit Ihnen auf den nächsten Seiten dem Seelengift „Unzufriedenheit" nachspüren. Wie entsteht Unzufriedenheit, wie können wir sie bei uns entdecken und ihr immer wieder tapfer ein „Stopp!" entgegenwerfen? Ertränken können wir sie nicht, sie kann nämlich ziemlich gut schwimmen.

Zehn Gründe, der Unzufriedenheit die rote Karte zu zeigen, halte ich für Sie bereit (und es gibt noch viel mehr)!

Ich möchte Ihnen damit Anregungen geben, Ihren größten Fallen auf die Schliche zu kommen. Es sind Appetithappen. Weiter machen müssen Sie schon selbst! Und denken Sie dran: „Das große Glück ist oft keine große Sache. Meistens sind es die kleinen Dinge, die den großen Unterschied machen."

Wie war das doch gleich mit dem leichteren Gepäck? Die Besucher im Kloster bestaunen die Architektur und die Kapelle, den Kräutergarten und die Bibliothek. Dann schauen sie in eine Klosterzelle: ein Bett, ein Tisch, ein Regal. „Wo haben Sie denn Ihre Sachen?", fragen die Besucher den Mönch.

Er fragt sie zurück: „Wo haben Sie denn Ihre Sachen?"

Die Besucher lachen: „Nun, wir sind doch nur auf der Durchreise."

Darauf der Mönch: „Ich auch."

1. Grund:
Weil ich mit mir selbst barmherzig sein darf

Warum wir selbst oft unsere schärfsten Kritikerinnen sind

Kommt es Ihnen bekannt vor?

Annette wird nächsten Monat 50 Jahre alt. Zum Feiern ist ihr nicht zumute: „Irgendwie ist mein Leben so anders verlaufen, als ich es mir vorgestellt habe. Ich wollte eine große Familie, einen netten Mann, mit dem ich gemeinsam alt werde, und ein Häuschen im Grünen. Klingt blöd. Ist aber so."

Annette hatte einen Mann. Aber jetzt ist er ihr Exmann. Bei ihm wohnen auch die beiden fast erwachsenen Söhne. Ihr Häuschen im Grünen ist zu einer Zweizimmerwohnung mit Blumenkasten geschrumpft. Ihre Lebensbilanz hält ihrem eigenen kritischen Blick nicht stand.

Birgit hat sich sehr auf die Tagung gefreut. Ein Wochenende ganz für sich allein, das hatte sie schon lange nicht mehr. Andere Frauen kennenlernen, interessante Vorträge hören, Austausch in den Workshops … Alles verlief wie im Prospekt versprochen, sogar das Essen war vollwertig – und doch ist Birgits Stimmung am Sonntag im Zug nach Hause so seltsam gedämpft. Diese tollen

Frauen! Die einen konnten reden wie gedruckt, während Birgit ihre Sätze dreimal im Kopf hin und her wendete. Und dann diese Übereifrigen, die schon morgens vor dem Frühstück eine Stunde um den Haussee gejoggt sind. Aber am ärgerlichsten war diese eine Referentin. Irgendwie erinnerte sie Birgit an Deutschlands Familienministerin, die mit den sieben Kindern und dem ewigen Lächeln. Schrecklich, wie solche Frauen alles unter einen Hut kriegen! „Wieso schaff ich nicht mehr?!"

Andrea, Mitte fünfzig, ist und hat das, um das sie andere beneiden: Sie leitet eine gut laufende Augenarztpraxis, ihr Mann ist Professor, ihre beiden Kinder haben ihr Studium nicht nur begonnen, sondern auch abgeschlossen. Von ihrem Immobilienbesitz wollen wir erst gar nicht sprechen. Andrea – eine wirklich erfolgreiche Frau. Jedenfalls nach menschlichen Maßstäben betrachtet. Oder sollten wir besser sagen: nach gesellschaftlichen Maßstäben? Denn sie sind oft alles andere als menschlich!

Vielleicht ist Andrea deshalb nicht zufrieden? Und locker schon gar nicht: „Mein ganzes Leben habe ich das Gefühl, das zu tun, was andere von mir erwarten. So oft frage ich mich: „Wer bin ich eigentlich?"

Zufrieden sein, auch wenn im Leben nicht alles glattgeht? Zufrieden sein, auch wenn man nach rechts und links guckt und wieder das Stehaufmännchengefühl in einem hochkriecht „Ich kann eh nicht mithalten"? – Wie funktioniert das denn? Man kann doch nicht raus aus seiner Haut!

Dass nicht alles glattläuft, sieht man spätestens ab vierzig jeden Morgen im unbeschlagenen Spiegel – einfach nicht mehr zu leugnen, die Falten. Ein feiner Wink der Natur: „Meine Liebe, Falten und Mängel kriegst du gratis obendrauf!" Das Leben hinterlässt Spuren. Sichtbare und unsichtbare. Die unsichtbaren Falten unseres Lebens trägt unsere Seele.

Viele Menschen wollen der Natur ein Schnippchen schlagen und lassen sich in ihre Gesichtsfalten das Nervengift Botox spritzen. Ein „Fast-Food"-Lifting. Mit einigen Nebenwirkungen allerdings: Eine Studie weist nach, dass Menschen, die sich mit dem Nervengift Botox behandeln lassen, kaum noch Empathie zum Ausdruck bringen können. Der künstlich geglätteten Haut ist die Muskelkraft genommen, sie kann deshalb wenig Mitgefühl zeigen.

Wer die „Holperer" und „Stolperer", die Ecken und Kanten seines Lebens am liebsten glattbügeln möchte, macht sich selbst etwas vor. Der „Botox-Trick" funktioniert also nicht nur nicht, sondern stört auch das Mitgefühl sich selbst gegenüber erheblich.

So wie man irgendwann mit der Antifaltencreme liebevoll die Falten streichelt, sich pflegt – sie aber nicht mehr wirklich zu überlisten sucht, so brauchen wir den barmherzigen Blick auf die Falten der Seele, die Ecken und Kanten des Lebens.

Eines hilft entscheidend: Entdecken Sie zuerst einmal genau die Sätze, mit denen die Unbarmherzigkeit durch die Hintertür Eintritt in Ihr Leben bekommt (und richtig miese Stimmung verbreitet!). Sind es diese … oder andere?

• „Ach, es ist so viel in meinem Leben verkehrt gelaufen."

• „Könnt ich noch mal von vorn anfangen, ich würde vieles anders machen."

- „Ich möchte es doch so gern gut machen."
- „Ich will es doch nur recht machen."
- „Mir ist so wichtig, was andere über mich denken."
- „Ich will einfach gut ankommen!"
- „Ich habe immer das Gefühl, kämpfen zu müssen."

Merken Sie: Wir können es uns selbst oft nicht recht machen. Wir sind manchmal (und manchmal immer öfter) selbst unsere schärfsten Kritikerinnen.

Schade. Denn es geht auch anders!

Entwicklungsmöglichkeiten

1. Werden Sie Ihre eigene Freundin

Probieren Sie den liebevollen Spiegelblick aus! Im Spiegel sehen Sie sich selbst – und Sie sind es wert, von sich selbst liebevoll angelächelt zu werden. „Ach, wenn das so einfach wäre!", denken Sie jetzt vielleicht. Stimmt, wir sind oft „unzufrieden", weil wir mit uns nicht im Frieden sind. Wir können es uns selbst nicht recht machen. Das hat doch gute Gründe, oder? Ja, denn das Bild, das man dort im (inneren) Spiegel sieht, ist eben nicht das Bild, das man sehen möchte. Es passt nicht. Es passt nicht zu dem Bild, das man von sich selbst gemacht hat. Dieses selbst gemachte Bild ist gemalt mit den schillernd bunten Farben der vielen Erwartungen, die man an sich selbst richtet.

Es ist gemalt mit den Festschreibungen unserer Kindheit („Wer was will, kriegt was auf die Brill'", „Sei ein liebes Kind", „Du mit deinen zwei linken Händen", „Kannst du nicht endlich mal ruhig sitzen!", „Meinst du wirklich, dass du das schaffst!?"), gemischt mit den kräftigen Farben der Ideale, die wir im Laufe unseres Lebens verinnerlichen und denen wir Energien, Gedanken, Gefühle schulden („Das schafft frau doch locker", „Meinem Vater zeig ich es aber!").

In einem Interview antwortete ein Psychotherapeut auf die Frage: „Warum kann ich mir oft selbst nicht verzeihen?" – „Weil ich ein falsches Bild von mir habe." Deshalb diese Härte gegen sich selbst! Und Achtung: leider auch gegen andere. Menschen fühlen sich als Versager, minderwertig, vielleicht sogar als Aufschneider, weil sie die Diskrepanz zwischen ihrer Außendarstellung und der eigenen Innenwahrnehmung spüren.

Kennen Sie Ihr inneres Bild, Ihre Festlegungen, Glaubenssätze?

Vielleicht klingen sie so oder ähnlich:
* „Die anderen haben mir oft so viel voraus."
* „Ich bin nett und die anderen sollen mich nett finden."
* „Ich möchte möglichst hilfsbereit sein."
* „Was ich sage, ist eigentlich nicht so wichtig."
* „Grenz dich bloß ab!"
* „Menschen kannst du eigentlich nicht trauen."
* „Ich möchte mit den Menschen gut auskommen."
* „Nimm dich nicht so wichtig."
* „Ich möchte erfolgreich sein."

Jeder dieser Sätze hat Folgen für Ihr Selbstbild, so oder so. Deswegen: Kommen Sie sich selbst auf die Schliche. Sich selbst zur Freundin werden, bedeutet erst einmal, sich selbst gegenüber ehrlich zu sein.

Wie lauten „Ihre Sätze"? Diese Sätze prägen das Selbstbild. Sie setzen uns unter Erwartungsdruck, schaffen Versagensangst und beeinflussen die Beziehungen zum

Ehepartner, den Kindern, den Kollegen, Freundinnen usw. Und vor allem: Sie speisen die Unzufriedenheit.

Nun ist es wohl kaum möglich, sein Selbstbild „mal eben" wie bei C&A in der Umkleidekabine wahrnehmen zu können. Selbsterkenntnis ist ein mühsamer Prozess. Und die Selbstwahrnehmung mit aller Begrenztheit ist auch nur der erste Schritt. Folgen muss als zweiter Schritt das freundliche Lächeln über diese Gestalt im Spiegel, mein „Okay" zu mir selbst.

Menschen, die an der Essstörung Magersucht leiden, erleben häufig wirkliche visuelle Sinnestäuschungen. Sie schauen in den Spiegel und für alle anderen sichtbar steht ein klapperdürres Wesen im Raum, die Sinne spielen jedoch den Kranken einen Streich und das Gehirn meldet: „Dicker Mensch". Und so sieht sich die magersüchtige junge Frau wie real dick. Obwohl sie es nicht ist!

Vergleichbare Verschiebungen unseres inneren Spiegelbildes kennen wir alle. Wie wir es auch drehen und wenden, wir können uns an dieser Lebensaufgabe nicht vorbeimogeln: die eigene Freundin werden. Versöhnung mit sich selbst. Aufhören, jemand anders sein zu wollen, als man eigentlich ist. Kein Stress! – Dies kann man wirklich mehr und mehr lernen! Wenn man es wirklich will.

... dass jeder Mensch ein einzigartiger, liebenswerter Mensch ist. Nicht weil er oder sie etwas vorweist, sondern einfach weil jeder Mensch von Gott selbst geliebt ist.

Das Ganze beginnt mit der Einsicht, dass jeder Mensch ein einzigartiger, liebenswerter Mensch ist. Nicht weil er oder sie etwas vorweist, sondern einfach weil jeder

Mensch von Gott selbst geliebt ist (s. Kap. 2). Das sind keine Einreden unserer Fantasie, sondern das ist die Wirklichkeit unseres Lebens.

Trainieren Sie Ihre Gedanken, ganz praktisch. Fangen Sie damit an, freundlich über sich zu denken!

Freundliche Gedanken klingen so:
- „Gott liebt mich. So, wie ich bin."
- „Ich bin es wert, mich selbst wertzuschätzen."
- „Gott, ich danke dir, dass du mich so geschaffen hast!"
- „Es ist schon recht!"

Welcher Satz gefällt Ihnen am besten? Schreiben Sie ihn auf. Kleben Sie den kleinen Zettel an Ihren Spiegel, legen Sie ihn auf den Nachttisch, legen Sie ihn ins Portemonnaie, halten Sie ihn im Herzen parat. Abrufbar an der Bushaltestelle, im Büro, morgens beim Aufwachen!

Es kann so entkrampfen, nicht mehr einem bestimmten Bild, wie man gerne sein möchte, nachzujagen. Und es hat einen wunderbaren „Nebeneffekt". Denn ein *Wer es mit sich selbst nicht aushält, mit dem halten es andere auch nicht aus. Und umgekehrt.* Geheimnis des Lebens lautet: „Wer es mit sich selbst nicht aushält, mit dem halten es andere auch nicht aus." Und umgekehrt. Klar! Freundliche Selbstannahme hat Ausstrahlung! Denn wer nicht immer wieder an sich selbst herumnörgelt, geht auch mit anderen freundlich um.

2. Kommen Sie Ihren geheimen Antreibern auf die Spur

Andrea – die Ärztin. Ich habe Sie Ihnen oben vorgestellt. Sie ist eine erfolgreiche, aber getriebene Frau. Weit entfernt davon, ihre eigenen Bedürfnisse zu kennen.

Laut sind die Stimmen, die sagen: „Das kann doch nicht alles sein, mach mehr aus dir!" Das kann ermutigen, dem eigenen Leben neue Seiten abzugewinnen, sich weiterzuentwickeln (mehr dazu im 4. Kap.). Aber gerade dieses „Mach mehr aus deinem Typ" kann sich als Dauerantreiber erweisen.

Weil uns so viele Möglichkeiten wie Würste, denen wir dann nachjagen, vor das innere Auge gehängt werden, ist die Gefahr groß, das eigene Leben defizitär zu sehen. Note: schwach ausreichend, noch schlimmer: mangelhaft!

- „Warum habe ich mich nicht schon lange zum Italienischkurs angemeldet?"
- „Jetzt ist es wirklich zu spät, noch ein Instrument zu lernen."
- „Ich habe einfach nicht die Kraft, jetzt eine Fortbildung zu machen"
- „Hätte ich nicht doch vor fünf Jahren die Umschulung machen sollen? Jetzt ist es zu spät."
- „Hätte ich nicht eigentlich die Kinder viel mehr fördern müssen?"
- „Wie schwach! Hinz und Kunz pilgern auf dem Jakobsweg und ich schaff's grad mal bis zum Ostseestrand."

Überall klingelt es in unseren Ohren. Erfolg wird eingefordert. Das Leben soll doch gelingen. Aber wann ist das Leben „gelungen"? Ist das nachprüfbar? Messbar? Erfolg scheint sichtbar, Erfolg scheint messbar – zu messen an Fitness, Gesundheit, Karriere, Attraktivität, harmonischen Familien, beneidenswerten Partnerschaften, aufregenden Events. Oder?

Unterschätzen wir nicht, welchen unbewussten Einfluss dabei die Medien, und darin besonders die Werbung auf unseren Gemütszustand nehmen. Gesendete Bilder, die unsere Seele aufnimmt und die unser Gefühlsleben beeinflussen. „Mach mehr aus deinem Typ", „Tipps für die erfolgreiche Frau", „Was Sie auf keinen Fall verpassen dürfen" …

Wir hören, lesen, sehen das … und schreiben prompt an unseren inneren To-do-Listen, und so wird die Liste der unerledigten Dinge länger und länger: „Den Mount Everest brauch ich nicht, aber einmal mit dem Postschiff die Hurtigruten", „Guter Sex bis ins Alter? Die Frage ist nur, mit wem?", „Durchstarten in der Lebensmitte? – Aber ich fühle mich jetzt schon so außer Atem" usw. usf. Dass es uns dann „verzerrt", spüren wir am ehesten an neidischen Gedanken und diesem Mehltau-Gefühl namens Unzufriedenheit. Ertappen Sie sich immer wieder mal bei diesen Gedanken: „Da sollte, könnte, müsste doch noch etwas sein …?"

Innere To-do-Listen, die nach dem „Erledigt-Häkchen" rufen – da dürfen Sie kräftig durchstreichen. Nicht, weil Sie den jeweiligen Punkt schon abgearbeitet haben, sondern weil Sie frei und fröhlich sagen können: „Muss ich nicht", „Brauch ich nicht" … oder auch ein ehrliches „Geht nicht", „Kann ich nicht (mehr)", „Dafür ist mein Portemonnaie zu dünn".

Es kann ein wahrer Befreiungsschlag sein, bestimmte Ziele oder Wünsche aufgeben zu dürfen! Vielleicht weil das Geld fehlt … und das keine Katastrophe ist. Vielleicht weil eine Altersgrenze erreicht wurde und die Zeit, sich einen lang gehegten Berufswunsch zu erfüllen, abgelaufen ist.

Oder man spürt die körperlichen Grenzen: „Es war eine Befreiung, als ich lernte, mit meinen häufigen Kopfschmerzen zu leben. Ich akzeptiere jetzt, dass ich mehr Schlaf brauche, mit den anderen oft nicht mitgehen kann, mehr Entspannungszeit einbauen muss. So ist es. Punkt." Brigitte wirkt wirklich erleichtert, als sie in einer Gesprächsrunde den anderen von ihrer Grenze erzählte.

Zufriedenheit wächst in dem Maß, in dem wir das leben, was wir wirklich wollen (und können) und nicht (all) das tun, was wir meinen tun zu sollen.

In der Novelle „Die Glut" beschreibt der ungarische Schriftsteller Shandor Marai die Not eines Menschen, der nicht bei sich ist. Der Autor lässt Henrik zu seinem alt gewordenen Freund Konrad sagen: „Im Grunde deiner Seele steckte ein Krampf – die Sehnsucht anders zu sein, als du bist. Das ist der größte Schicksalsschlag, der einen Menschen treffen kann: die Sehnsucht, anders zu sein, als man ist; eine schmerzlichere Sehnsucht könnte im Herzen nicht brennen."

Es ist immer wieder eine wunderbare Entdeckung, die zu sein, die ich sein darf. Ich darf getrost sein, die ich bin. Sie dürfen getrost die sein, die Sie sind!

Und dazu gehören auch die Verhaltensweisen, mit denen Sie immer zu kämpfen haben:

- Sie sind nicht ganz so ordentlich – na klar, ein paar Ordnungssysteme können helfen. Gut so. Aber aus Ihrer Haut müssen Sie nicht schlüpfen. Bei Ihnen kann die Fünf auch mal grade sein.
- Sie sind nicht der spritzigste Typ – na klar, Sie können in einem Volkshochschulkurs Small-Talk-Gespräche üben, aber Sie bleiben ein eher ruhiger Mensch.

- Sie sind nicht die robusteste Natur – na klar, auch Ihnen hilft regelmäßige Bewegung, etwas mehr Sport, aber Sie sind eben nicht der klassische Typ Powerfrau, mit dem Sie sich aber auch bitte nicht vergleichen müssen.

Eigentlich solltest, müsstest, hättest du ... – Nein!

Nein! Wir müssen uns nicht auch noch selbst tadeln. Seien Sie doch bitte barmherziger mit sich selbst.

Sicher, der Satz „Ich bin halt, wie ich bin" kann zur billigen Ausrede werden für Menschen, die Bequemlich- *Seien Sie doch bitte barmherziger mit sich selbst.* keit zum Lebensmotto wählen. Weiterentwicklung, ja bitte, aber behutsam und mit dem richtigen Maß!

Hängt die Messlatte nicht zu (!) hoch, ist die Gefahr, sie zu reißen, natürlich viel geringer. Wir packen viel leichter etwas an ... und packen es auch leichter. Und das Ganze schafft ein gutes Gefühl, nicht schon wieder versagt zu haben an Ansprüchen, die man doch selbst regulieren kann.

3. Erweitern Sie Ihre inneren Möglichkeiten

„Das habe ich mir so anders vorgestellt!" Ja, da sind die Bilder im Kopf, die Festlegungen der inneren Festplatte: „Warum ruft meine Freundin nicht häufiger an?!", „Ein Urlaub mit einer Woche Dauerregen – das kann nur eine Katastrophe sein", „Unsere Kinder sollten aber das Abitur machen". Und dann läuft alles ganz anders. Schnell verbeißen wir uns dann in dem „Warum denn nicht?!", „Habe ich nicht ein Recht darauf?!" ... und schon ist man alles andere als locker drauf und quält sich mit der eigenen Unzufriedenheit – und die Lieben drumherum gleich mit.

„Im Großen und Ganzen haben wir das Leben unter Kontrolle" – diesem Irrtum sitzen wir gerne auf. Wenn wir uns einigermaßen richtig verhalten, denken wir, dann entwickeln sich eben die Dinge so, verhalten sich die Menschen so, wie wir es uns vorstellen. Fehlanzeige! Wir haben nicht das Recht gepachtet auf den Sonnenschein in unserem Urlaub, dass die Kinder so sind, wie wir es uns vorstellen.

Deswegen: Erweitern Sie Ihre inneren Möglichkeiten. Lassen Sie sich doch mehr auf das ein, was kommt. Dies ist keineswegs die Einladung zu einer resignierten Lebenseinstellung nach dem Motto „Ach, andere bestimmen ja doch über mein Leben. Da kann man nichts machen." Doch, wir können eine Menge in unserem Leben machen, gestalten, verändern. Es geht nicht darum, im Leben zu früh aufzugeben, sondern es geht um die Einladung, innerlich offen zu sein für die vielen Möglichkeiten des Lebens.

Vielleicht wird es Zeit, Abschied zu nehmen von der Vorstellung, von dem Bild des einen einzigen Weges, der allein zum Ziel führt. Das Glück ist nicht festzulegen. Es hat oft ein überraschend anderes Aussehen als vermutet. Und wie viele Menschen sind leider davon überzeugt, dass sie auf keinen Fall glücklich sein können, wenn nicht …

Meine Frage hier an Sie: Kennen Sie Ihr „Wenn nicht …"? Das kann dann so klingen:

- „Mein Kind muss doch Abitur machen, was soll denn sonst aus ihm werden?", so denken viele Eltern und legen sich und noch viel mehr ihr Kind fest.

- „So lange habe ich mir ein Haus mit Garten ge-wünscht und jetzt bleiben wir doch in der Etagen-wohnung, weil das Geld nicht reicht? Das kann ich mir überhaupt nicht vorstellen!"
- „Andere Frauen haben so viel Power und kriegen das so locker hin mit Kindern, Haushalt, Job. Warum habe ich nicht mehr Kraft?"

Nein, Ihr Kind muss nicht, zufrieden können Sie auch ohne die eigenen vier Wände sein, endlich die eigenen Grenzen akzeptieren – das kann für alle so erleichternd sein!

Der Turner Fabian Hambüchen wurde schon vor der Olympiade in Peking als der Goldmedaillenkandidat gefeiert. Wenn es einer schaffen könnte, dann er – darin waren sich alle Medien und Experten einig. Und dann diese Katastrophen! Verpatzte Wettkämpfe durch fal-sche Griffe, frühzeitige Abgänge … nur knapp schaffte er in einer Disziplin eine Bronzemedaille. Nach dieser Verleihung sagte er: „Eine Medaille bei Olympischen Spielen gewonnen zu haben, ist schön. Aber ich war zu sehr auf diese Goldmedaille fixiert … Wenn man sich gar nicht mehr über eine bronzene freut, muss man sich echt fragen, was man die letzten Tage und Monate gemacht hat."

Vielleicht schütteln auch Sie den Kopf über so viel Leistungswahn. Nun – wir sind keine Leistungssportler. Und doch erliegen wir viel öfter, als wir es uns einge-stehen, den eigenen Festlegungen. Wir hängen die schon oben erwähnte eigene Messlatte selbst oft sehr hoch, oft ungesund hoch. Wir sind felsenfest davon überzeugt,

- unbedingt etwas Bestimmtes schaffen zu müssen,
- dass jemand sich so und so verhalten muss,
- eine Situation so und nicht anders sein darf.

Entdecken Sie Ihre eigenen gedanklichen Engführungen und erweitern Sie das innere Repertoire der Möglichkeiten. Häufig entsteht Unzufriedenheit, weil wir uns (und leider auch die Menschen um uns herum) durch genaue Vorstellungen festlegen. Kommen Sie Ihren eigenen Festlegungen auf die Spur und hören Sie doch auf, Ihr eigener kritischer Punktrichter zu sein.

Und noch etwas … ich traue mich kaum, es Ihnen zu sagen: Sie sind wahrscheinlich auch ziemlich durchschnittlich. Oder?

Wie bitte? Nur durchschnittlich?!

Ja! Und ich bin es auch. Und das ist gut so. So wie die meisten Menschen guter Durchschnitt sind. Ist das nicht entlastend?

„Was mach ich schon Besonderes? Was kann ich schon Besonderes? Was ich mache, kann doch irgendwie jede?" So lauten die negativen Glaubenssätze, die Menschen in ihrem Selbstwert oft runterziehen. Ja, diese Sätze stimmen oft. Hier ist es negativ ausgedrückt, aber eine Sache daran stimmt: In der Regel sind wir ziemlich normal, ziemlich durchschnittlich. Was wir können, können viele andere genauso gut, und viele sogar besser. Na und? Es ist doch sehr entlastend, dass ich nicht besonders witzig, anspruchsvoll, musikalisch, redegewandt, gut aussehend, gut organisiert, sprachbegabt, liebevoll, was weiß ich sein muss. Sondern dass ich ich bin – in meiner einzigartigen Mischung!

Machen Sie es zu Ihrem Gebet:

Herr, gib mir die Gelassenheit,
Dinge hinzunehmen,
die ich nicht ändern kann,
gib mir den Mut, Dinge zu ändern,
die ich ändern kann,
und die Weisheit, das eine vom andern
zu unterscheiden.

REINHOLD NIEBUHR

4. Trauen Sie dem Frieden

Jetzt haben wir es schon oft gehört: Wir sind so häufig im Unfrieden mit uns selbst … und in Folge nörgelig, unzufrieden, weil wir es uns oft nicht recht machen können. Es wurde beschrieben, wie Ideale, die wir zu unseren eigenen machen, geheime Antreiber, die wir oft schon seit der Kindheit mit uns herumschleppen, uns unter Strom setzen. Jemand sein wollen, der man nicht ist. Es so gern recht machen wollen. Hinter all diesen Antreibern verbirgt sich häufig eine große Sehnsucht: „Ich brauche Anerkennung, möchte geliebt werden. Geliebt – einfach weil ich bin. Geliebt um meiner selbst willen."

Trauen wir doch bitte der Liebeserklärung Gottes. Lassen Sie es immer wieder tief in Ihr Herz rutschen: „Wir sind zutiefst Geliebte, schon lange ehe unsere Eltern, Lehrer, Ehepartner, Kinder und Freunde uns geliebt haben. Das ist die grundlegende Wahrheit unseres Lebens", sagt der Pastoraltheologe und Seelsorger Henri Nouwen.

2. Grund:
Weil ich es mir wert bin

Warum wir echt wer sind

Kommt es Ihnen bekannt vor?

Ertappen Sie sich auch manchmal bei diesen Gedanken:
- „Bis ich einen klaren Gedanken formuliert habe, sind die anderen schon beim nächsten Thema."
- „Ich habe so oft das Gefühl, außen vor zu sein und nicht dazuzugehören."
- „Wenn ich kritisiert werde, geht es mir oft sehr schlecht."
- „Manchmal habe ich eine Wut im Bauch und ich weiß nicht, woher sie kommt."
- „Ich tue oft Dinge, die ich eigentlich gar nicht will. Aber ich kann einfach nicht nein sagen."
- „Ich würde so gerne einmal etwas ausprobieren, Neues wagen – aber ich trau mich einfach nicht."
- „Oft bin ich so gehemmt, weil ich immer wieder überlege: Was denken wohl die anderen von mir?"

Wo hat bei Ihnen gerade das Barometer angeschlagen? Jeder dieser Stoßseufzer ist der Indikator für ein „angeknackstes" Selbstwertgefühl. Und ein Signal, dass da etwas anders werden kann, anders werden sollte.

Selbstwert ist das Thema Nummer 1 in dieser Welt. Das können Sie sich nicht vorstellen? Viele Leute sagen zwar, Sex, Macht und Geld regieren die Welt. Oberflächlich betrachtet stimmt dieser Eindruck. Aber diese Erde ist überbevölkert mit Menschen, die mit sich selbst nicht im Reinen sind, um ihren Selbstwert nicht wissen, eigentlich jemand anders sein wollen, als sie sind, und deshalb so manchen Irrweg gehen. Unter anderem auch in Sachen Sex, Macht und Geld – hier kommt es dann zum Ausdruck.

„Ich bin in Ordnung und andere mögen mich" – so fühlt ein Mensch, der um seinen Selbstwert weiß. Und so könnte man die Zielmarke einer gesunden Selbstwertgewissheit beschreiben.

„Ich bin in Ordnung und andere mögen mich" – wie fühlt sich das an, wenn Sie es über sich sagen? Alles klar!? Oder zögern Sie eher? Es geht nicht darum, dass Sie ein geheiltes Selbstwertgefühl haben müssen (Hilfe! Stress!), sondern dass Sie es haben dürfen – und dass Ihre Seele es braucht.

„Denke ich gut von mir?" – Sind Sie davon überzeugt, dass Sie als Freundin ein echter Gewinn sind oder Ihr Mann sich glücklich schätzen kann, Sie als Partnerin zu haben? Sie runzeln die Stirn? Um nicht weniger geht es bei der Frage nach dem Selbstwert. Sich gering zu schätzen ist ungut und ist auch anstrengend, weil es unnötig Energien raubt und sich gleichzeitig als heikler Störfaktor für alle Beziehungen erweist.

Sich selbst wertzuschätzen ist die Voraussetzung für gelingende Beziehungen.

Sich selbst wertzuschätzen ist die Voraussetzung für gelingende Beziehungen. Steht man mit sich selbst „auf Kriegsfuß", dann überfordert man die anderen mit unausgesprochenen und ausgesprochenen Erwartungen, dass sie einen so schätzen und achten sollen, wie man es selbst nicht vermag; damit sind Nörgeln und Unzufriedenheit vorprogrammiert. Und bitter ist die Erfahrung: Andere können das Fass „Wertschätzung" nicht füllen, wenn man selbst irgendwo ein großes Loch hat. Denn dann lässt es sich schlicht nicht ausreichend füllen.

Ein gutes Selbstwertgefühl bekommt eine solide Grundlage durch die positiven Erfahrungen, die wir als Kinder und Jugendliche machen. Und wenn die nicht so positiv waren? Die gute Nachricht lautet: Es ist nicht aller Tage Abend! Ein positives Selbstwertgefühl – eben die Grundlage für eine gesunde, positive Lebenseinstellung – lässt sich auch im Erwachsenenalter weiter entfalten, es kann nachreifen!

Aber das hat eine Voraussetzung: Sie müssen sich selbst „auf die Schliche" kommen. „Auf die Schliche kommen" – dieser Formulierung werden Sie auf den folgenden Seiten öfter begegnen. Es ist die Ermutigung, bei sich selbst zu bleiben. Sich selbst zu achten. Frieden mit sich zu schließen. Seine Stärken und seine Schwächen zu kennen – und befreit damit umzugehen.

Hier die Tipps, die unserer Selbstannahme auf die Füße helfen:

Entwicklungsmöglichkeiten

1. Kommen Sie sich auf die Schliche – Wünsche und Bedürfnisse klären

Bekommen Sie mehr und mehr Klarheit über die eigenen Wünsche und Bedürfnisse. Das geht uns wohl allen so: Wir sind uns oft fremder, als wir ahnen. In unseren Köpfen und Herzen sind feste Bilder eingezeichnet, wie wir meinen, dass wir sein sollen und was wir wollen. Diesem Selbstbild eifern wir nach. Viele Menschen haben deshalb das Gefühl, Getriebene zu sein. Sie werden gejagt von ihren eigenen Lebensmottos, die aber in Wirklichkeit Festlegungen und somit Fesseln sind:

- Ich muss vor den anderen ein gutes Bild abgeben.
- Ich muss es richtig machen.
- Ich muss möglichst den anderen eine Nasenlänge voraus sein.
- Die anderen sind sowieso besser.
- Ich will unbedingt gut ankommen!
- Hauptsache, die anderen finden mich nett.

Welche Festschreibungen sind in unseren Köpfen und Herzen? Mut zur Ehrlichkeit ist angesagt. Denn die bringt uns weiter auf unserem Weg zu mehr Zufriedenheit, weil wir aufhören dürfen, jemand sein zu wollen, der wir nicht sind und nicht sein müssen.

2. Ich bin ich und du bist du. Hören Sie auf, sich immer wieder mit anderen zu vergleichen

Wer vergleicht, schneidet häufig schlecht ab. Knapp auf den Punkt gebracht: Neid bringt Leid. Denn es wird immer die Klügere, die Ordentlichere, die Schönere, die Erfolgreichere, die entspanntere Mutter, die scheinbare (!) Superfrau geben, mit der Sie sich messen. Vergleichen ist ein sicherer Weg in die Unzufriedenheit. Es sind oftmals nicht die materiellen Dinge – die schönere Wohnung, das scheinbar attraktivere Äußere, der bessere Kontostand –, die mit Neid erfüllen:

- Da ist die Freundin, deren Kinder so glatt durch die Schule laufen, während Sie Ihr Haushaltsbudget mit dem Nachhilfelehrer teilen.
- In der Familie der Schwester scheint alles so glatt und harmonisch zu laufen und Sie sind so oft genervt.
- Die Kollegin kommt so gut beim Chef an. Ach, die Worte fließen ihr so leicht über die Lippen. Und Sie überlegen abends im Bett noch immer, mit welchem flotten Spruch Sie hätten kontern können.

Neid nimmt dem Neider am meisten: Den Reichtum des eigenen Lebens kann man nicht genießen, und auf Beziehungen wirkt das Vergleichen immer zerstörerisch.

Das Tückische am Neid ist der schier unerschöpfliche Vorrat wirklich guter Gründe, auf andere neidisch zu sein. Wir werden immer etwas finden, was uns andere voraushaben. So erscheint das Glück als das Glück der anderen.

Kennen Sie Ihre Vergleichspunkte, Neidfallen?

Das Vergleichen ist einer der größten Zufriedenheitskiller. Zwei Beziehungen bekommen „blaue Flecken": die Beziehung zu uns selbst und die Beziehung zu dem, der beneidet wird.

3. Fragen Sie Menschen Ihres Vertrauens

Es ist oft nicht einfach, manchmal sogar sehr schmerzhaft, den Blick auf die eigene Person zu werfen. Und doch ist dieser Blick für uns und für unsere Beziehungen überlebenswichtig! Auch deshalb ist außer dem eigenen „Spiegelblick" die Auseinandersetzung mit der Außenwahrnehmung, sprich der Wahrnehmung anderer Menschen, so wichtig: Wie sehen und erleben mich die anderen? Es erfordert viel Mut, sich dem zu stellen. Ich meine nicht, den ängstlichen Rundum-Blick zu suchen (dann wären wir wieder bei dem fatalen „Was denken denn die anderen?"). Nein. Suchen Sie sich gezielt Gesprächspartner Ihres Vertrauens.

Fragen Sie:
- Wie wirke ich auf dich?
- Wie erlebst du mich im Zusammensein mit anderen Menschen?
- Wo siehst du meine Stärken?
- Wo siehst du meine Schwächen?

Menschen, die sich auf diese Art der offenen Selbstreflexion einlassen, machen manche verblüffenden Erfahrungen. Da bekommen Menschen in der Außenspiegelung durch andere zurückgemeldet, dass sie sicher und souverän in ihrem Auftreten wirken, sie selbst aber erleben sich voller Selbstzweifel und unsicher. Andere werden als kühl und distanziert, vielleicht sogar arrogant wahrgenommen, leiden jedoch selbst darunter, schwer Kontakt zu bekommen. Mit anderen gemeinsam zu überlegen, welche Stärken ausgebaut, an welchen Schwachpunkten gearbeitet werden kann – keine Frage, es erfordert Mut (vgl. Kap. 9), aber bringt wirklich Fortschritt.

4. Glauben Sie den drei großen Lebenstäuschungen nicht mehr

Selbstwert – ja, bitte!? Aber bitte nicht durch diese drei Lebenstäuschungen, denen wir nur allzu leicht aufsitzen:

Der Wert eines Menschen würde bestimmt durch das, … was er leistet,

———

… was er besitzt,
… was andere über ihn sagen.

Diese drei Täuschungen haben wir wohl mit der Mutter-
milch aufgesogen. Wie leicht ziehen sie uns in unserem
empfundenen Selbstwert nach unten. Buchstabieren Sie
diese drei Lebenstäuschungen durch. Es lohnt sich! Sie
werden viele Entdeckungen machen, wie oft unser Handeln, Reden, Denken der Angst entspringt,

- nicht genügend zu leisten („Andere machen, schaffen, bewältigen das viel besser"; „Müsste ich als gute
  Freundin/Mutter nicht …?"),
- zu wenig zu besitzen (Definieren Sie „Besitz" nicht
  nur materiell! Auch Schönheit, Fitness, Bildung gelten
  als „Besitztümer".),
- nicht gut „dazustehen" („Was denken bloß die anderen von mir?").

Diese drei großen Selbsttäuschungen kämpfen mit Feuer-
eifer um unsere Aufmerksamkeit. Sicher – es ist nicht
einfach nur ein Schalter in Kopf und Herz umzulegen.
Wenn das so einfach wäre! Aber kommen Sie sich selbst
auf die Schliche. Dann ist der erste entscheidende Schritt
getan!

Manche Pensionäre schlagen sich augenzwinkernd
selbst auf die Schulter, wenn sie betonen, dass sie nicht
in den Ruhe-, sondern in den Unruhestand versetzt wur-
den. Nichts gegen rüstige Rentner! Es ist wunderbar,
wenn man sich lange mit seinen Gaben und Kräften ein-
bringen kann. Es ist auch gut, sich an seinen kleinen und
großen Erfolgen freuen zu können. Aber ist ein Mensch
nur wertvoll, wenn er rastlos schafft und etwas leistet?

Üben wir das doch schon vor dem Rentenalter mit allen Fasern unseres Herzens ein: Der Mensch ist nicht deshalb wertvoll, weil er etwas leistet, viel besitzt, ein gutes Image hat.

Deshalb ist es auch so tückisch, wenn wir im Zusammenleben mit Kindern Selbstvertrauen mit einem positiven Selbstgefühl verwechseln. Wir meinen, das Selbstgefühl zu stärken, und ermutigen sie dazu, ihre Stärken zu leben und auszubauen: Das sportliche Kind soll Sport treiben, das musikalische Musik machen usw. Alles schön und gut – aber wieder füllen wir den Selbstwert-Pott über das Tun und Gelingen, eben über die Leistung!

Ein gestärktes Selbstgefühl aber lebt von etwas anderem. Es lebt von der Gewissheit: „Weil ich ich bin, bin ich wertvoll, geliebt." Nicht weil ein Mensch etwas gut kann, toll bringt, andere das anerkennen, ist er wer – sicher, all das tut auch gut, aber ist nicht das Entscheidende.

Es gilt also den „höheren" Wert der eigenen Person zu entdecken, das, was ich mir selbst nicht erarbeiten und auch durch Beziehungen nicht bekommen kann:

5. Entdecken Sie Ihren höheren Wert!

Dieser Blick ist für unser Selbst so lebenswichtig: der Aufblick zu Gott. Bei Gott ist mein eigentlicher Wert, nämlich meine Würde, sein Geschöpf zu sein, unumstößlich garantiert. Seit langer Zeit, aber immer noch hochaktuell, ist dies von einem Menschen in einem Psalmgebet so beschrieben: „Gott, du kennst mich durch und durch, wo ich auch immer bin, du durchschaust und verstehst mich … Ich danke dir, dass ich wunderbar gemacht bin" (Aus Psalm 139).

Was könnte uns Besseres passieren – Gott kennt uns

durch und durch und er steht zu uns, ganz und gar. Das ist fantastisch! Wenn wir doch mehr und mehr entdecken könnten, welche innere Freiheit durch diesen Glauben geschenkt wird!

Könnte mir je ein kostbarerer Wert zugesprochen werden? Auf die Frage „Wie bin ich?" ist die erste Antwort nicht „Schlank, klug, dynamisch, erfolgreich, gute Mutter ...", sondern „Wundervoll, weil es mich gibt", „Liebenswert, so wie ich bin". Das fühlt sich vielleicht fremd an. Macht nichts. In dieses Lebensgefühl können Sie hineinwachsen.

3. Grund:
Weil die schlechten Umstände unter Umständen gar nicht das eigentliche Problem sind

Warum Nörgeln bequemer ist,
als selbst Verantwortung zu übernehmen

Kommt es Ihnen bekannt vor?

Susanne weiß schon lange, dass sie ein musikalisches Talent hat. Schon als Kind wollte sie so gern Klavier spielen lernen. Ihre Eltern fanden das unnötig. Pure Geldverschwendung. „Warum nur haben meine Eltern mich nicht gefördert!?", immer wieder ertappt sich Susanne bei dieser inneren Klage.

Andreas Eltern haben sich so viel gestritten, immer fühlte sie sich zwischen ihnen hin- und hergerissen. Noch heute kann sie Streit nicht ertragen und geht lieber den „unteren Weg" …

In Lenas Familie war Bildung ein Fremdwort, ihre Eltern waren einfache Leute. Zu Hause war gutes Essen wichtig, für den Vater noch Fußball und das Auto. Ein Theater oder einen Konzertsaal hat sie nie von innen gesehen. Dass Dvořák kein Kräuterlikör ist, weiß Lena, aber immer wieder beschleicht sie das Gefühl: „Ich kann nicht mitreden, die anderen sind mir ein Stück voraus …"

Oft hat Astrid das Gefühl: „Alles hängt an mir." Job, Haushalt, Elternabend. Es belastet sie so, dass sie sich um alles kümmern muss, wie sie meint. „Merken das denn die anderen gar nicht?"

Ohne Frage, es gibt so viele berechtigte Gründe, warum sich ein Mensch als Opfer der Umstände fühlt, der eigenen Lebensgeschichte ausgeliefert, irgendwie abgehängt: „Da kann ich sowieso nichts (mehr) ändern." Ohnmacht ist ein schreckliches Gefühl. Wie töricht ist es deshalb, dann auch noch viel öfter als nötig Ohnmacht zuzulassen und sich als Opfer zu fühlen!

Ein Kind erlebt Ohnmacht, z.B. beim Machtwort des Vaters, der Willkür der Mutter, dem Druck des großen Bruders, den Launen der Lehrerin. Aber nach einigen Jahren ist das Kind doch erwachsen, … meint man – und reagiert doch oft wie ein Kind: nämlich ausgeliefert und ohnmächtig.

Verantwortung übernehmen für das eigene Leben bedeutet, sich nicht auszuliefern – weder den eigenen Festlegungen durch die eigene Lebensgeschichte, noch den Meinungen anderer oder den Erwartungen, von denen wir meinen, dass andere sie in uns setzen.

Menschen, die mit ihrer Lebensgeschichte hadern, gehen ihren Lebensweg oft mit „angezogener Handbremse" weiter und verlängern so selbst das Ohnmachtsgefühl unnötig. Freilich, ohne dass ihnen das bewusst ist. Kommen Sie sich auf die Schliche!

Sich „ausgeliefert fühlen", „als Opfer der Umstände"

sehen, das hat viele Facetten. Verantwortung übernehmen für das eigene Leben bedeutet, sich nicht auszuliefern – weder den eigenen Festlegungen durch die eigene Lebensgeschichte („Ach, hätte, wäre ich …"), noch den Meinungen anderer („Was die jetzt wohl denken …") oder den Erwartungen, von denen wir meinen, dass andere sie in uns setzen.

Entwicklungsmöglichkeiten

1. Kein Mensch muss müssen

Unsere Sprache ist einfach verräterisch! Wie oft müssen wir müssen, sollten, hätten, könnten … Die absolute Steigerung ist der Un-Satz: „Eigentlich müsste man mal …"

Bei dem Satz stimmt kein Wort, und doch nehmen wir ihn häufig in den Mund und bleiben in der Unentschlossenheit stecken, weil … ja, weil die Umstände es nicht zulassen – behaupten wir jedenfalls vor uns selbst oder vor anderen.

Entdecken Sie einmal diese Wörter und Sätze, mit denen Sie sich aus der Verantwortung, an der Situation etwas ändern zu können, doch wieder herausstehlen:

- „Eigentlich müssten die Kinder mal mehr im Haushalt helfen …" – Falsch!
  So könnte es aussehen: Sie setzen sich mit der Familie an einen Tisch, halten Familienrat und treffen gemeinsame Vereinbarungen, wie die Hausarbeit besser aufgeteilt werden kann.
- „Eigentlich müsste man sich mal wieder öfter sehen …" – Falsch!
  So könnte es gehen: „Schade, dass wir uns so lange

nicht getroffen haben, können wir nicht jetzt konkret einen Termin ausmachen?"

2. Verantwortung übernehmen bedeutet oft loszulassen

Der Seufzer „Keiner unterstützt mich!" heißt im Klartext häufig: „Ich will keine Unterstützung." Ja, Sie haben richtig gelesen. Denn die anderen an Aufgaben im Haushalt, der Kindererziehung zu beteiligen, bedeutet Kontrollverlust. Kontrolle ist Ausdruck von Macht. Und schnell ist frau gefangen in dem Gedanken: „Keiner kann es mir recht machen", „Ich bin in meinem Bereich sowieso die Beste", „Ach, dann mach ich es eben schnell selbst" (Mehr dazu im 5. Kap.). Schauen wir uns doch liebevoll über die Schulter und ertappen wir uns dann selbst bei diesem Denken. Es klingt ein bisschen verrückt, aber es ist wahr: Es ist manchmal verantwortlicher, wenn man Verantwortung abgibt.

3. Warum passt mir etwas nicht?

Wir produzieren viel Unzufriedenheit in unserem Leben, weil wir entscheiden, dass uns etwas nicht passt. Die Entscheidung ist im Kopf gefallen: „Das kann doch nichts werden!", „Darauf lass ich mich erst gar nicht ein!", „Das habe ich mir aber ganz anders vorgestellt!" Und schon sind wir drin in der Falle „Ach, wenn die Umstände doch nur anders wären".

Christina und Corinna ziehen zur gleichen Zeit nach Berlin. Ihre Lebenssituation ist ganz ähnlich: Wegen des Berufes der Ehemänner war der Umzug nötig. Sie haben beide zwei kleine Kinder. Corinna findet alles ganz furchtbar: Die Stadt ist groß, die Luft schlecht, die Leute unfreundlich. Das weiß sie schon, bevor sie ihre ersten

Umzugskartons gepackt hat. Sie nimmt ihrem Mann das Versprechen ab, spätestens nach zwei Jahren wieder eine Stelle in der alten Heimat zu suchen. Christina dagegen ist begeistert: „Toll, was für eine Chance! Mal heraus aus der alten Umgebung. Berlin ist mal etwas ganz anderes, eine klasse Stadt! Ich bin froh, die Verwandtschaft mal ein wenig auf Abstand zu haben. Ich bin so gespannt, was mich erwartet."

Sie können sich denken, wie zufrieden die beiden nach zwei Jahren waren? Auf der Skala von 1 bis 10 war Corinna ziemlich weit unten und Christina oben.

Unzufriedenheit entsteht im Kopf, ist eine Entscheidung, eine innere Einstellung: „Das wird nichts!", „Damit komm ich nie zurecht!", „Schrecklich, diese Leute im Büro!", „In einer Mietwohnung kann man doch nicht als Familie leben!" – Kennen Sie Ihre Sätze und Festlegungen?

4. Ein Ja zum Jetzt – nicht alles zu jeder Zeit

> *„Ein jegliches hat seine Zeit, und alles Vorhaben*
> *unter dem Himmel hat seine Stunde:*
> *Geboren werden hat seine Zeit,*
> *Sterben hat seine Zeit;*
> *Pflanzen hat seine Zeit,*
> *Ausreißen, was gepflanzt ist,*
> *hat seine Zeit; …"*

So beginnt das großartige Gedicht im Buch „Prediger", aufgeschrieben in Teil eins der Bibel, im Alten Testament. Alles hat seine Zeit – das heißt doch wohl: Man hat nicht alles zu jeder Zeit. Also: Das Leben ist eine große Loslass-Übung. Wir aber sind die großen Festhalter. Lebe bewusst deine Lebenszeiten, so ruft der Dichter uns zu. Nicht alles ist zu allen Zeiten möglich. Die Zeit hat ihre Zeiten.

Wir reduzieren unsere Lebensfreude, wenn wir innerlich nicht in „unserer" Zeit ankommen.

Wie schnell sagen wir:
- „Hoffentlich sind die Kinder bald aus dem Gröbsten raus."
- „Hoffentlich finde ich bald eine andere Arbeitsstelle."
- „Hoffentlich habe ich bald die Rente durch."

Alles Sätze, mit denen wir der Unzufriedenheit in unserem Leben garantiert guten Dünger geben. Leben lässt sich zum Glück nicht auf morgen verschieben. Gelebt wird jetzt! Entdecken Sie Ihre gedanklichen „Ausreißer". Und, wichtig: Fangen Sie immer wieder die Gedanken, die mit dem Morgen beschäftigt sind, ein, und entdecken Sie die Genusszeiten des Lebens im Hier und Jetzt.

5. Bitte konkret!

Sind Sie unzufrieden, weil irgendwie irgendwas irgendwann anders werden soll? So ein diffuses Empfinden bringt Sie keinen Schritt weiter. Ihr Empfinden ist ja nicht falsch. Es soll sich was verändern. Ja! Aber bitte konkret. Lichten Sie den Nebel!

Sind Sie unzufrieden, weil irgendwie irgendwas irgendwann anders werden soll? Es soll sich was verändern. Ja! Aber bitte konkret.

Deshalb: Gehen Sie in Ihren Gedanken auf den verschiedenen Feldern Ihres Lebens spazieren: Was macht Sie unzufrieden, wo wünschen Sie sich Veränderungen?

Formulieren Sie Ihre Ziele konkret! So kann das aussehen:

- **Beziehungsziele:** Ich möchte regelmäßige Treffen mit der Großfamilie organisieren; ich möchte eine Freundin finden und die Freundschaft langsam aufbauen; ich möchte mehr Zeit mit meinen Freundinnen verbringen; ich möchte regelmäßige freie Wochenenden mit meinem Mann haben; ich möchte …

- **Berufliche Ziele:** Ich möchte meine Stundenzahl reduzieren; ich möchte die Stelle wechseln; ich möchte eine Weiterbildung machen; ich möchte mich selbstständig machen; ich möchte …

- **Persönliche Ziele:** Ich möchte die Wohnung renovieren; ich möchte einmal in der Woche Sport treiben; ich möchte eine Entspannungstechnik lernen und jeden Tag eine Viertelstunde echt abschalten; ich möchte Gleichgesinnte treffen und ein alternatives Seniorenwohnprojekt planen; ich möchte …

Jetzt sind Sie dran!
- Formulieren Sie konkret. Am besten gleich mit Stift und Papier.
- Teilen Sie die Ziele in zeitliche Abschnitte ein (in diesem Monat, in einem Vierteljahr, innerhalb eines Jahres, innerhalb von fünf Jahren soll konkret passieren …).
- Was können Sie konkret tun? Eigenverantwortlich sein heißt, nicht andere „einzuspannen", sondern „Ich" zu sagen (und auch zu meinen).
- Beschreiben Sie die konkreten Schritte der Umsetzung:

Was können Sie heute, in einer Woche, in einem Monat usw. tun, um das Ziel zu erreichen?
- Überprüfen Sie nach einer gewissen Zeit die Erfolge.

Probieren Sie es aus. Sie werden erstaunliche Erfahrungen machen.

4. Grund:
Weil Veränderung eine
echt gute Alternative ist

Warum es sich lohnt,
Neues zu wagen

Kommt es Ihnen bekannt vor?

Inga ärgert sich jeden Tag, wenn sie morgens durch ihre Küche schaut. Die Schublade hängt schon lange schief, dringend müssten die Wände gestrichen werden und in den Schränken tummeln sich Dinge, die endlich entsorgt werden müssten.

Betty ist jetzt schon seit geraumer Zeit unzufrieden in ihrem Job. Gut, die Arbeitsstelle liegt nur fünf Minuten von zu Hause entfernt. Und die Kollegen sind eigentlich auch ganz nett. Aber sie ist jetzt 35 Jahre, ungebunden und noch nie aus dem Heimatort herausgekommen. Sollte sie nicht doch einmal eine Veränderung wagen?

Suse lebt jetzt seit einem Jahr allein. Der plötzliche Tod ihres Mannes war die einschneidendste Veränderung in ihrem Leben. In der ersten Zeit wollte sie nur zur Ruhe kommen. Aber jetzt spürt sie so ein inneres Kribbeln. Soll sie wirklich in dem großen Haus wohnen bleiben? Und jeden Tag allein am Tisch essen? Ist es das, was sie in den nächsten Jahren machen will?

Mit sich selbst barmherzig sein bedeutet auch, sich nicht von falschen Erwartungen knebeln zu lassen, den eigenen Antreibern auf die Spur zu kommen – das wurde im 2. Grund „Weil ich mit mir selbst barmherzig sein darf" bedacht.

Jetzt lade ich Sie ein, in Gedanken einen mittelgroßen Spagat zu machen. Denn manchmal sind Veränderungen einfach dran. Weil die Zeit reif ist. Weil Dinge nicht gut laufen. Weil wir in der Lebensspur festgefahren sind. Weil, weil, weil … Vielleicht auch, weil einem die beste Freundin nun deutlich gesagt hat, was man selbst schon eine Weile ahnt: Jetzt ist die Zeit für etwas Neues.

Der Werbeslogan „Ich will so bleiben, wie ich bin – Du darfst!" ist wahr und falsch zugleich:

Wahr …, weil ich ich selbst sein und bleiben darf. Ein Mensch sein, der seine Gaben kennt, Grenzen akzeptiert und sich darin Wertschätzung entgegenbringt und eben nicht jemand anders sein will, als er ist.

Falsch …, weil ich innerlich lebendig bleiben möchte. Mich weiterentwickeln, neue Herausforderungen annehmen möchte. Weil ich nur damit der Mensch bin und immer mehr der Mensch werde, den Gott sich gedacht hat: „Nur wer sich verändert, bleibt sich treu."

Treffend drückt dies auch eine kleine Szene von Bertolt Brecht aus:

Ein Mann, der Herrn K. lange nicht gesehen hatte, begrüßte ihn mit den Worten: „Sie haben sich gar nicht verändert." – „Oh!", sagte Herr K. und erbleichte.

„Sie haben sich gar nicht verändert"… Erschreckend, oder? Ich wünsche Ihnen die Weichheit des Herzens, mit Gott und den Menschen an Ihrer Seite auf dem Weg zu sein. Und auf einmal sieht man auf diesem Weg anderes. Wagt neue Gedanken. Wagt sich an etwas Neues heran. „Verändert euch durch die Erneuerung eurer Sinne" (Römer 12, 2) – so ermutigt vor 2000 Jahren der Apostel Paulus. Genial! Veränderung ist möglich! Und so kann das gehen:

Entwicklungsmöglichkeiten

1. Was soll eigentlich anders werden?

Wie bitte?! Was soll die Frage, dieses „Was soll eigentlich anders werden?"?

Wenn wir etwas in unserem Leben verändern wollen, dann wird uns doch wohl klar sein, was anders werden soll. – Wirklich?

Ich fürchte, oft herrscht keine Klarheit über das konkrete eigene Ziel ... und daher, ganz logisch, herrscht Unklarheit über die nötigen Schritte.

„Was soll eigentlich anders werden?" ist die entscheidende Anschlussfrage, wenn sich Unruhe, Unzufriedenheit, die Ahnung „Irgendetwas muss sich verändern" als Gefühl ausbreitet.

Keine Frage: Zwischen diesem diffusen Gefühl der Unzufriedenheit und der Klarheit „Das möchte ich anders machen, haben, gestalten" liegen Welten!

Nörgeln, meckern, selbstmitleidige Gefühle pflegen, das ist die Melodie des Verharrens. Die gefühlte Wetterlage ist Nieselregen mit Nebel. Ein ungemütlicher Zustand – weil der Durchblick fehlt. Mehr als ein „Eigentlich sollte man mal ..." kommt nicht zustande (Sie erinnern sich – das ist ja der „Un-Satz" überhaupt).

„Wie kann es gehen?" Oder: „Wo, bitte, ist das Problem?" Diese Frage kann den einen oder anderen erschrecken, oder? Seufzend oder nörgelnd hocken zu bleiben scheint (!) einfacher zu sein, als Schritte der Veränderung zu gehen. Aber wie kommt etwas in Bewegung – in eine gute (!) Richtung?

Tatsächlich wird der erste Schritt in die richtige Richtung mit dieser Frage eingeleitet: „Wo bitte ist das Problem, wo drückt der Schuh, was muss ich lassen, was vielleicht neu beginnen?" Und schon dieser erste Schritt bringt oft in unserem Gefühlsleben eine erstaunliche Erleichterung!

Bei anderen Menschen um uns herum sehen wir die Defizite oft recht deutlich. Haben Sie nicht auch eine Bekannte, Freundin, die versucht, das hundertste Mal ihre komplizierte Ehegeschichte mit Ihnen durchzukauen? „Nein, bitte nicht schon wieder!", denken Sie schon bei ihrem ersten Satz, „wann endlich geschieht etwas, wann macht sie den ersten Schritt, damit sich endlich etwas verändert in ihrem Leben!?"

Ja, bei anderen sieht man schneller klar – logisch, man hat ja auch den Abstand.

Problem erkannt, Problem benannt, Problem gebannt – ach, wenn es so einfach wäre! Aber in dem Satz, den ich schon als Kind oft gehört habe, liegt viel Wahrheit: „Selbsterkenntnis ist der erste Schritt zur Besserung."

„Wo bitte ist das Problem?" – überlegen Sie bitte, was Ihnen bekannt vorkommt:

- Manchmal haben Sie zu Hause das Gefühl, alles hängt an Ihnen. Sie fühlen sich im Haushalt überlastet. Was genau ist das Problem: Um welches Bedürfnis geht es? Brauchen Sie Unterstützung, bessere Organisation oder fehlt Ihnen Wertschätzung durch die anderen Familienmitglieder?

- Sie sind unzufrieden mit Ihrer beruflichen Situation. Wo liegt das Problem genau: Was möchten Sie verändern? Was liegt in Ihren Möglichkeiten? Wovor haben Sie Angst? Was könnte Ihnen zur Klärung helfen?
- Sie fühlen sich in Ihren vier Wänden nicht mehr wohl. Ist vielleicht wirklich ein Umzug dran? Oder gibt es eine gute Bekannte, die kreativ ist, ein Händchen hat für schönes Gestalten? Glauben Sie mir, die freut sich, wenn Sie sagen: „Hast du Freude, mich mit meiner Wohnung zu beraten?"

Dass wir uns nicht missverstehen: Natürlich gibt es Umstände, die wir nicht verändern können. Eine schwere Erkrankung suchen wir uns nicht aus und können sie auch nicht nach Belieben wegdenken. Wenn die Firma pleitegeht, ist der Arbeitsplatz gefährdet. Aber viele, viele Dinge oder Umstände, denen wir uns vermeintlich hilflos ausgeliefert fühlen, sind veränderbar! Wir sind nämlich viel weniger Opfer, als wir denken (und diesen Satz muss ich einfach wiederholen!).

Viele, viele Dinge oder Umstände, denen wir uns vermeintlich hilflos ausgeliefert fühlen, sind veränderbar!

Dazu kommt: Bei den anscheinend unabänderlichen Dingen, Ereignissen, die über uns hereinbrechen, haben wir sehr wohl sehr unterschiedliche Möglichkeiten zu reagieren! Es gibt Situationen, die kann man nicht ändern, aber die Einstellung zu ihnen, die liegt in den eigenen, beeinflussbaren Möglichkeiten.

Haben Sie schon einmal starken Nebel auf der Autobahn erlebt? Ganz schön gruselig. Und unangenehm. Wenn der klare Blick fehlt, ist Vorsicht angesagt. Und dann ... dieses unbeschreibliche Gefühl der Erleichterung, wenn der Nebel sich lichtet!

So erleben wir es, wenn wir aus dem diffusen Gefühl der Unzufriedenheit herauskommen. Wenn wir Klarheit entwickeln, wo Veränderung nötig ist, welche Schritte wir gehen sollen, und was wir bereit sind, dafür zu bezahlen.

2. Akzeptieren Sie den Preis, den die Veränderung kostet!

Machen wir uns bitte nichts vor! Veränderung hat ihren Preis – überlegen Sie realistisch, dass alles einen fairen Preis hat:

- Wer regelmäßig Sport machen will, muss dafür regelmäßig die Sportschuhe anziehen und nicht nur davon träumen.
- Wer seinen Arbeitsplatz wechseln möchte, muss die Marktlage prüfen, einen ehrlichen Spiegelblick wagen, sich dafür auf ein Bewerbungsverfahren einlassen, vielleicht sogar den Wohnort wechseln, sich auf neue Kollegen und neue Aufgaben einstellen.
- Wer mehr Zeit für die Familie haben möchte, muss vielleicht auf Teilzeit gehen und auf einiges verzichten. Vielleicht ist der Traum vom Eigenheim ausgeträumt.
- Wer beschließt, die Hausarbeit auf mehr Schultern zu verteilen, muss sich auf Auseinandersetzungen mit dem verblüfften Nachwuchs einstellen.
- Wer endlich nicht mehr jeden Monat Zinsen für den unglaublich teuren Dispokredit zahlen will, braucht

nicht unbedingt eine Gehaltserhöhung, sondern Mut, ehrlich zu werden, z.B. über seinen Umgang mit Geld: „Also ehrlich gesagt habe ich Ebbe im Portemonnaie, solange ich denken kann, egal, wie viel ich verdiene."

Veränderungen haben einen Preis, das wird klar. Sind Sie bereit, die Kosten zu überschlagen und zu bezahlen?

Wichtig ist es, den Preis zu klären. Er hängt nicht als Preisschild am Veränderungswunsch dran, sondern muss geklärt werden: Wie setzt sich der Preis zusammen?

Manchmal hilft eine Liste: „Ich möchte meine Stundenzahl reduzieren. Was ist der Gewinn, was der Verlust?" Schreiben Sie es auf.

Und bitte – entlarven Sie bei sich den Killersatz „Eigentlich müsste man mal". Der Satz ist ein Killersatz, weil er jede Veränderung im Keim erstickt, weil keines der vier Wörter Fortschritt bringt. „Endlich Schluss mit eigentlich", formuliert es die Autorin Marion Buchheister so treffend.

„Eigentlich müsste man mal." Der Satz ist ein Killersatz, weil er jede Veränderung im Keim erstickt, weil keines der vier Wörter Fortschritt bringt.

Manchmal bleibt nach einer solchen Zeit des Nachdenkens, nach Hin-und-her-Überlegen und echtem Prüfen scheinbar alles beim Alten. Nichts hat sich verändert, mag man meinen. Aber das stimmt nicht! Man ist anders „da", mit einem anderen Bewusstsein.

Ich denke an Eva. Nach dem Abitur traute sie sich ein Studium nicht zu. Sie wurde Krankenschwester, gründete eine Familie, blieb im Beruf und wurde immer unzufriedener. „Eigentlich müsste ich mal was anderes machen." Das „Eigentlich" wich einem ernst gemeinten

Prüfen: Doch noch ein Studium, sich selbstständig machen mit ihren vielen kreativen Ideen, einen Ortswechsel wagen? … Was kam heraus?

Der Preis für ein Studium war ihr zu hoch, ebenso das große Risiko der Selbstständigkeit. Außerdem wurde ihr ihr Freundschaftsnetz neu kostbar, als sie den Ortswechsel bedachte. Ganz bewusst hat sie sich nach diesem Prüfen wieder ihrem Beruf zugewandt, freut sich inzwischen darüber, dass sie nur Teilzeit arbeiten muss, genießt neu ihre Hobbys und investiert Zeit in ihre Freundschaften. Und – die Nörgelei ist vorbei.

3. Übergänge beunruhigen

Unser Leben kennt verschiedene Abschnitte, verschiedene Lebensphasen. Übergänge von einer Lebensphase in die nächste machen unruhig. Wir spüren: „Ich muss loslassen, neues Land betreten." Wir fragen uns, ausgesprochen oder unausgesprochen: „Was ist jetzt dran? Muss ich etwas Neues anfangen? Was verändert sich?"

Inga und Lukas haben ihr erstes Kind bekommen. „Das ist ein riesiger Einschnitt", haben die anderen Schon-Eltern-Profis gesagt. Inga konnte es eigentlich nicht glauben. Nun lernt sie es jeden Tag mehr und mehr, wie der kleine Mensch ihr neuer Zeitmesser ist.

Beates jüngster Sohn ist zum Studium nach Hamburg gezogen. Die Zeit der geplünderten Kühlschränke ist vorbei, aber das ist längst nicht die größte Veränderung für sie. Übergangszeiten sind häufig Zeiten der Verunsicherung und Dünnhäutigkeit. Beate fragt sich: „Und – wer bin ich jetzt?"

Es ist wichtig, diese Übergänge im Leben zu entdecken, sie nicht einfach zu überspringen. Das bedeutet auch, bewusst Abschied zu nehmen. Sonst legt sich auch hier die Unzufriedenheit wie ein Gefühl, mit angezogener Handbremse zu fahren, auf die Seele.

Haben Sie schon einmal in zu kleinen Schuhen gesteckt und mussten damit laufen? Sie wissen, wie sich das anfühlt. Das „Ich-bin-im-falschen-Schuh"-Gefühl erfüllt uns, wenn wir nicht realisieren und nicht akzeptieren, welche Veränderung eine neue Lebensphase mit sich bringt. Wenn Paare Eltern werden, wenn die Kinder aus dem Haus gehen, der Ruhestand beginnt, der Umzug in die neue Stadt vollzogen ist – das Leben verändert sich. Unzufriedenheit breitet sich aus, wenn die Veränderung nicht akzeptiert wird, wenn wir innerlich im Alten hängen bleiben.

Welche Chancen stecken in neuen Lebensabschnitten? Diese Lebensabschnitte haben nicht nur mit den klassischen Lebensaltersphasen zu tun, sondern auch mit anderen Veränderungen: ein Umzug in eine fremde Stadt, ein Arbeitsstellenwechsel, die Einschulung eines Kindes, das Zerbrechen einer Freundschaft – markante Veränderungen des Lebens gibt es genug. Zu all diesen Veränderungen gehört häufig ein gefühlsmäßiges Chaos, das manchmal überraschend heftig ausfallen kann.

Was hilft?

Drei Schritte sind es, die uns an diesen Lebenswendepunkten innerlich und äußerlich weiterbringen:

• **Das Ende bejahen:** Nicht einfach durchmarschieren. Trauerzeit, Gefühle zulassen. Einen Abschluss finden.

- **Orientierungszeit:** Nicht einfach ins Neue stürzen. Keine übereilten Beschlüsse fassen. Eine Auszeit nehmen. Eine gute Möglichkeit, wie in einer Lebensbilanz den eigenen Standort zu klären: Was ist mir wichtig, was habe ich bisher vermisst, kann ich mich darum kümmern …?

- **Neubeginn:** Schließen Sie das Alte ab und betreten Sie bewusst die „neue" Zeit, den anderen Lebensabschnitt.

4. „Nicht-Ereignisse" des Lebens belasten

Geplatzte Lebensträume sind manchmal die Ursache, warum Menschen in einer Lebensphase „hängen bleiben" (s. 7. Kap.). Solche „Nicht-Ereignisse" können für die psychische Gesundheit und das Wohlbefinden mindestens ebenso gefährlich sein wie Konfusionen und Krisen, die mit offensichtlichen Lebenskrisen verbunden sind. Menschen leiden unter den Ereignissen, die in ihrem Leben nicht stattgefunden haben: Die Ehe ist kinderlos geblieben; man hat nicht den Partner für das gemeinsame Leben gefunden; der Traum vom Miteinander-Altwerden ist geplatzt …

Diese Nicht-Ereignisse können schwerer Ballast für die Seele sein. Es erfordert Mut, sich die Lücken seines Lebens anzuschauen und sie zu betrauern – aber nur so verlieren sie ihre diffuse Macht.

5. No risk – no fun

Wir scheuen die Veränderung oft auch, weil uns die Angst im Nacken sitzt. Auf Bewerbungen können auch Absagen kommen. Eine Weiterbildung kann zeigen, dass die eigene Stärke nun doch nicht in dem Bereich liegt.

Aber Sie haben etwas gewagt! Und wer wagt, der auch gewinnt. Und wenn es das Gefühl ist, es ausprobiert zu haben. Eine Erfahrung gemacht zu haben. Kein Sesselhocker geblieben zu sein.

„Nur wer die Angst kennt, kann auch mutig sein" – dieser Satz begleitet mich schon einige Jahre.

Manchmal entscheide ich mich nicht für den mutigen Schritt, aber ich weiß in der Regel dann auch, warum: weil mich die Angst hemmt und ich diesen Schritt nicht gehen will. Das Risiko ist mir zu hoch. Aber ich durchschaue, warum ich hocken bleibe. Ich bin nicht bereit, dieses Wagnis einzugehen und mache nicht andere für die Verhinderung verantwortlich. Bitte auch hier: Haben Sie Mut zur Ehrlichkeit. Wenn wir die Furcht nicht überwinden wollen, das Risiko zu groß erscheint, der Preis zu hoch – dann, bitte schön!, stehen wir auch dazu. Ganz bewusst. Aber dann ist auch Schluss mit der Nörgelei!

Nur wer die Angst kennt, kann auch mutig sein.

6. Der Ewige in meiner Zeit

„Meine Zeit steht in deinen Händen" – was für ein erleichterter Ausruf eines Psalmbeters (Psalm 31, 16), der mit seinem Leben sehr in Bedrängnis geraten ist und mit seinem Herzen Zuflucht bei Gott sucht. Was für eine Lebensperspektive für jede und jeden: Wo auch immer ein Mensch ist, welche äußere oder innere Not, Auseinandersetzung, Unruhe ihn umtreibt oder vielleicht lähmt – niemand kann tiefer fallen als in Gottes Hand.

Sie wissen (zum Glück!) nicht, wie viel Zeit Ihnen in diesem Leben geschenkt wird. „Zeit ist Gottes Art, Kredit zu geben", sagte jemand treffend. Unter dieser großen

Ewigkeitsperspektive sind die vielen kleinen Schritte möglich.

Betty hat den ganz großen Schritt gewagt: Sie arbeitet jetzt als Krankenschwester in Ghana. Und Suse hat etwas ganz Verrücktes (das sagte auf jeden Fall die Verwandtschaft) gemacht: Sie hat ihr Haus verkauft und ist in ein Mehrgenerationen-Hausprojekt gezogen. Spannung garantiert!

5. Grund:
Weil Loslassen das
Leben leichter macht

*Warum wir manches lassen und
Neues fassen können*

Kommt es Ihnen bekannt vor?

Jetzt wird's tierisch: „Was ist der Unterschied zwischen einem Rottweiler und einer Mutter? Eine Mutter lässt irgendwann los."

Um Affen für den Zoo zu fangen, bedienen sich die Fänger eines Tricks. Sie legen unter einen von Affen bevölkerten Baum eine bauchige Flasche mit engem Hals. In der Flasche liegt eine Banane. Wenn die Tiere hungrig in die Flasche greifen und zupacken, haben die Jäger ein leichtes Spiel. Die Affen versuchen zu fliehen, lassen aber die Banane nicht los, sondern laufen mit der Flasche los und werden eine leichte Beute für die Jäger, weil die Last sie am schnellen Weglaufen hindert. Nur wer loslässt, hat die Hände frei.

Ein Werbeprospekt einer großen Kaffeemarke lockt seine potenziellen Käuferinnen: „Lass los! Alles zum Entspannen und Wohlfühlen. Eine der schönsten Reisen ist immer noch die zu sich selbst!" Angeboten werden der garantiert verspannten Kundin Badewannen-Wellnesslichter mit automatischem Farbwechsel, Sweathosen und Rosenblüten … Nichts gegen entspannende Maßnahmen. Gönnen wir sie uns. Aber als ob das so einfach wäre mit der Reise zu sich selbst! Als ob wir mit ein paar Entspannungsbädern und Duftlämpchen dem inneren Frieden entgegenreisen könnten. Die Reise zu sich selbst ist nicht unbedingt die schönste Reise. Die Reise nach innen führt nicht automatisch zum inneren Frieden, weil in uns selbst ja auch so viel Unfrieden ist. Unfrieden, der uns daran hindert, loszulassen, was uns an falschen Orten, falschen Gewohnheiten, falschen Selbstbildern, falschen Ansprüchen festhalten lässt.

Entwicklungsmöglichkeiten

1. Was wir besonders schlecht lassen können

Der amerikanische Theologe Richard Rohr nennt drei „schwergewichtige" Dinge, die wir lernen müssen, in unserem Leben immer wieder zu erkennen und loszulassen:
- den Zwang, erfolgreich sein zu müssen,
- den Zwang, recht haben zu müssen,
- den Zwang, mächtig zu sein und alles unter Kontrolle haben zu wollen.

Buchstabieren wir diese drei Themen einmal für unser Leben durch!

Nur auf den ersten Blick bleiben sie uns vielleicht fremd, unangenehm oder berühren peinlich, weil wir denken: „So bin ich doch nicht!" Schon beim zweiten Hinschauen dann entdecken wir in ihnen die Facetten unseres Lebens. Nicht der Erfolg, das Rechthaben, die Macht und Kontrolle sind für sich allein schon kritisch zu sehen, sondern der Zwang dahinter, also wenn wir uns in etwas verbeißen und nicht loslassen.

Wir haben in unserem Leben z. B. gern die Kontrolle. Das ist verständlich … aber es kann uns an unsere Grenzen bringen. Für die Mutter einer drogensüchtigen Tochter ist es so schmerzlich zu erkennen, dass sie ihrer Tochter in ihrer Sucht nicht helfen konnte: „Ich habe nichts mehr unter Kontrolle. Wie schwer für mich, die ich so gern alles in der Hand habe. Bei einem süchtigen Kind ist einem fast alles aus der Hand genommen. Ich habe so schmerzlich erkennen müssen, dass meine ‚gute' Erziehung nicht automatisch zum Erfolg führt."

Der Gesundheitswahn unserer Tage ist ebenfalls Ausdruck dieses Kontrollirrtums: Hauptsache man ernährt sich bewusst und treibt Sport, dann ist genug getan; dann müssen wir doch gesund bleiben, oder? Viele Menschen verfallen diesem Irrtum!

Wir haben in unserem Leben so viel weniger in unserer Hand, als wir denken. Unser Leben ist ein unkalkulierbares Risiko. Und zum Glück können wir oft nicht wissen, was richtig ist – aber wir bilden es uns ein und kleben deshalb an bestimmten Vorstellungen.

2. Ballast loswerden

Denken Sie an das Affenbeispiel! Wir halten Dinge, die uns nicht guttun, fest und bekommen deshalb die Faust nicht aus der Flasche und schleppen sie mit durchs Leben. An alten Lasten hängen wir fest und tragen schwer. Franziska hatte sich bei ihrem Chef um die interessante Weiterbildung beworben. Genommen wurde ihre Kollegin. Franziska ist mehr als enttäuscht. Das Gespräch mit dem Chef klärt, dass es nicht an ihren fachlichen Qualifikationen liegt, aber „einen trifft's halt". Sie steht vor der Entscheidung, Ärger zu sammeln, sich zurückzuziehen oder die „Banane in der Flasche" loszulassen.

Wer loslässt, hat die Hände frei, um wieder neu zuzufassen: „All eure Sorgen werfet auf Gott, denn er sorgt für euch", rät der Apostel Petrus (1. Petrus 5, 7). Paulus ruft durch alle Zeiten hindurch uns modernen Frauen zu: „Lasst los! Werft eure Sorgen weg von euren Herzen!"

Wir schleppen so viel Ballast in unserem Leben mit uns herum!

Groll und Unversöhnlichkeit (auch mit sich selbst) sind besonders schwere Lasten: „Einer guten Mutter wäre das nicht passiert ...", „Hätte ich doch mehr um meinen Mann gekämpft", „Könnte ich mein Leben noch mal von vorn beginnen, ich würde manches anders machen"... Ballastsätze – auch für diese fordert der Apostel Petrus auf: „Komm, gib ab, lass los."

3. Ich lerne mich wieder einmal anders kennen

Loslassen fällt auch deshalb schwer, weil wir Angst vor dem Verlust haben. Reden wir nicht um den heißen Brei herum: Verlust zu erfahren ist oft sehr schmerzhaft. Im Laufe unseres Lebens müssen wir so vieles lassen: falsche Erwartungen, Sorgen, Menschen, die uns verlassen haben, Gesundheit, Besitz, Träume, die platzen.

Wir verlieren nicht gern, und wieder einmal stellt sich das Gefühl ein, dass es in diesem Leben keine letzte Sicherheit gibt und wir Reisende sind. Man wird auf sich selbst zurückgeworfen: „Wer bin ich?!"

Da ist so viel Verlust: Die Kinder sind jetzt groß und die Familienzeit vorbei, die jüngeren Kollegen rücken nach und die eigene Lebensmitte ist längst überschritten, der Partner ist tot, der Umzug ist unumgänglich, der jugendliche Körper ist nur noch im Fotoalbum zu betrachten.

Sicher, man könnte dies alles ignorieren und schnell kleinreden („So ist das Leben. Alles hat ein Ende, nur die Wurst hat zwei.").

Damit wir nicht stecken bleiben im Schmerz der Verlusterfahrung, muss der Schmerz durchlebt werden.

Aber Achtung – zu viel Wurstigkeit tut nicht gut. Schnell huschen wir über die Zeit des Abschiednehmens hinweg und gönnen der Seele keine Trauerzeit. Damit wir nicht stecken bleiben im Schmerz der Verlusterfahrung, muss der Schmerz durchlebt werden. Deshalb ist manches Loslassen anstrengende Trauerarbeit. Wieder ist ein neues Blatt im Lebensbuch aufgeschlagen. Natürlich haben wir vorher schon im Buch der anderen lesen können und haben erahnt, wie es ihnen bei einschneidenden Veränderungen ergangen ist, und doch ist die eigene Erfahrung nur begrenzt gedanklich „auf Probe" zu erleben.

Bitte gehen Sie nicht zu schnell zur Tagesordnung über.

Christel ist gerade einmal fünfzig, als sie Witwe wird. Bisher hatte sie sich als Hausfrau um ihre vier Kinder gekümmert. Jetzt kommt die Verwandtschaft aus dem Staunen nicht mehr heraus, als sie sieht, wie Christel ein einjähriges Gemeindekolleg besucht, ihr Haus vermietet und mit jungen Leuten ein Wohnprojekt gründet. „Mensch, Christel, bist du mutig!", sagen die einen, und die, die Christel ein bisschen verrückt finden, sagen das lieber hinter vorgehaltener Hand.

Wie lange hatte sich Marion immer wieder damit gequält, so wenig Anerkennung, Wertschätzung, Zuwendung von ihrer Mutter zu bekommen. Schon als Kind hatte sie das Gefühl, ihrer Mutter eher lästig zu sein. Jetzt hat Marion eine eigene Familie. Wie sehr wünscht sie sich immer noch eine Mutter, die kommt, sie unterstützt und die stolz auf sie ist. Irgendwann begreift sie es: „Ich werde meine Mutter nicht verändern können. Ich muss meine Erwartungen an sie loslassen, weil ich mich sonst nur selbst mit meinen unerfüllten Erwartungen quäle." Das ist kein einfacher Prozess, aber jeder Schritt in die richtige Richtung schenkt ihr mehr Freiheit.

Jeder Schritt in die richtige Richtung schenkt mehr Freiheit.

4. Der andere Ankerplatz – Festhalten bei Jesus

Jesus Christus: „Denn wer sein Leben erhalten will, der wird's verlieren; wer aber sein Leben verliert um meinetwillen, der wird's finden." (Matthäus 16, 25).

Jesus ermutigt „loszulassen". Was für eine gewaltige Aufforderung: das „Leben verlieren". Ja, auch Jesus redet vom Verlust. Vom notwendigen Verlust, um wieder neu Leben zu finden, ins Leben hineinzufinden. Erinnern Sie sich an die drei Dinge, die wir lernen müssen, immer wieder loszulassen:

- den Zwang, erfolgreich sein zu müssen,
- den Zwang, recht haben zu müssen,
- den Zwang, mächtig zu sein und alles unter Kontrolle haben zu wollen.

Zu diesem „Verlust" fordert Jesus auf. „Und du wirst gewinnen", sagt Jesus, „das Leben finden", verspricht er.

Der Theologe Sören Kierkegaard ermutigt: *Die Tür zum Glück öffnet sich von außen.*" Jesus öffnet uns die Tür von außen.

Und wir? Wir machen uns so oft zu Gefangenen unserer Vorstellungen vom Erfolg, vom Glück, vom „Es-gut-machen-wollen". Jesus öffnet die Tür von außen und erweitert unsere Möglichkeiten … und wir können es wieder entdecken, es begreifen und fühlen lernen: „Es ist schon recht."

> *Die Tür zum Glück öffnet sich von außen.*" *Jesus öffnet uns die Tür von außen.*

Diese Erkenntnis ist ein Glaubensgeschenk: Sie dürfen vertrauen – Gott schenkt tiefen Frieden für das Herz, den wir uns selbst mit unseren mühseligen Versuchen nicht geben können.

Sie können aufatmen. Für Sie gilt: „Du musst es nicht allen recht machen …" und „Du musst nicht immer recht haben."

Lassen Sie es tief in Ihr Herz rutschen.

Nein, nicht die Reise nach innen ist die schönste Reise – wie in der Werbung versprochen –, sondern diese Lebensreise mit diesen Versprechen Gottes, das ist die schönste Reise.

6. Grund:
Weil Kopfkino meist
den falschen Film zeigt

Warum Gedanken oft
so viel Macht haben

Kommt es Ihnen bekannt vor?

Maria ruft bei ihrer Freundin Sophie an. Sophies Sohn geht an den Apparat, im Hintergrund hört Maria irgendein Gebrummel. „Ruf später an, Mama kann jetzt nicht", vertröstet sie der Junge. Maria wartet den ganzen Nachmittag und kommt immer mehr ins Grübeln: „Ob Sophie wohl sauer auf mich ist? Warum ruft sie nicht zurück? Oder ob sie extra nicht ans Telefon gegangen ist? Überhaupt – ist Sophie nicht ein bisschen komisch in letzter Zeit? Und immer muss ich mich melden!"

Und schon ist Maria der Macht ihrer negativen Gedanken ausgeliefert. Film ab. Kopfkino läuft.

Beim Entladen eines Kühlwagens wurde der Fahrer abends versehentlich im Kühlhaus eingeschlossen. Am nächsten Tag fand man ihn tot auf … obwohl die Kühlaggregate abgestellt waren! Welch eine Tragik! Der Ärmste wurde Opfer seiner eigenen düsteren Gedanken. Seine Gedanken ließen ihn frieren. Seine Gedanken haben zum Herzversagen geführt.

Ach, das Leben könnte so schön sein, wenn uns unsere eigenen Gedanken nicht immer wieder einen Strich durch die Rechnung machen würden:

- „Wie die schon wieder guckt!"
- „Ob ich ihm das jetzt wohl so recht gemacht habe?"
- „Eigentlich müsste mein großer Sohn öfter anrufen!"
- „Wie die das immer schafft!"
- „Warum hat sie nur so komisch reagiert, bestimmt ist sie sauer auf mich!"

Und manchmal wird es in unseren Gedankenkreisen noch düsterer:

- „Läuft mein Leben eigentlich in die richtige Richtung?"
- „Hoffentlich habe ich mich richtig entschieden!"
- „Ich habe so viel falsch gemacht!"
- „Andere in meiner Situation schaffen viel mehr als ich!"
- „Ich genüge einfach nicht!"
- „Ich bin ein richtiger Pechvogel!"

Entwicklungsmöglichkeiten

Grübeln ist ein weitverbreitetes Übel. Menschliches Kopfkino hat eine große Filmauswahl. Wir leisten uns den Luxus vieler finsterer Gedanken – und opfern dafür sehr viel: Zeit, Energie, körperliche Kräfte, gute Beziehungen, Schlaf, Freude und und und. Wir sammeln so viel Müll und Ballast in Kopf und Herz! Denn der Preis des Gedankenkreisens, der Grübeleien ist hoch:

Unsere Gedanken haben großen Einfluss auf unser Gefühl und Handeln.

Gefühle entstehen meist nicht von selbst, sondern sind Reaktionen, also die Folge von Gedanken. Negative Gedanken rauben daher Lebensenergie, killen Lebensfreude, sind schlagkräftige Entmutiger. Wir machen aus Mücken Elefanten. Aus Problemchen Probleme. Aus Missstimmungen Beziehungsdramen. In unseren Gedankenreisen gehen wir in innere Dialoge, die eine reale Auswirkung auf unsere Gefühle haben: Die Wut auf unseren unzuverlässigen Sohn wird immer größer, die Sorge um den Mann immer beherrschender, die Angst vor der Krankheit immer größer, die Bitterkeit über verpasste Chancen immer bohrender.

Unsere Gedanken haben großen Einfluss auf unser Gefühl und Handeln.

Haben Sie das schon einmal erlebt? Klingt verrückt, passiert jedoch täglich: Ein Dialog findet eigentlich nur im Kopf statt. Aber er nimmt danach fast reale Züge an. Als wäre wirklich etwas passiert. Es entsteht aus dem Gedankenkreisen heraus ganz real ein ungutes Gefühl einer Person gegenüber. Die Beziehung zu der Person ist beeinflusst – ohne dass eine reale Begegnung stattgefunden hat! „Getroffen" wurde der andere Mensch … nur im Kopf. Aber betroffen ist er von dem, was da durch das Kopfkino ausgelöst wurde!

Ein berühmtes Beispiel für die fatalen Folgen von Kopfkino ist die „Hammergeschichte" des Kommunikationswissenschaftlers Paul Watzlawik. Sie ist nicht zu überbieten, um tragisch-komisch den ungeheuren Einfluss unserer Gedanken auf unsere Gefühle, auf unsere Beziehungen und auf unser Handeln zu zeigen:

*Ein Mann will ein Bild aufhängen. Den Nagel hat er,
nicht aber den Hammer. Der Nachbar hat einen. Also
beschließt unser Mann, hinüberzugehen und ihn aus-
zuborgen. Doch da kommt ihm ein Zweifel: Was, wenn
der Nachbar mir den Hammer nicht leihen will? Gestern
schon grüßte er mich nur so flüchtig. Vielleicht war er in
Eile. Vielleicht hat er die Eile nur vorgeschützt, und er
hat was gegen mich. Und was? Ich habe ihm nichts getan;
der bildet sich da etwas ein. Wenn jemand von mir ein
Werkzeug borgen wollte, ich gäbe es ihm sofort. Und warum er nicht? Wie kann man einem Mitmenschen einen
so einfachen Gefallen abschlagen? Leute wie dieser Kerl
vergiften einem das Leben. Und dann bildet er sich noch
ein, ich sei auf ihn angewiesen. Bloß weil er einen Hammer hat. Jetzt reicht's mir wirklich. – Und so stürmt er
hinüber, läutet, der Nachbar öffnet, doch bevor er „Guten
Tag" sagen kann, schreit ihn unser Mann an: „Behalten
Sie Ihren Hammer."*

Warum machen wir uns so viele Gedanken, kommen
immer wieder ins Grübeln und umkreisen uns selbst, so
lange, bis wir uns unfrei, weil gefesselt fühlen?

1. Hilfe, ich muss mich entscheiden!

Es ist ja wunderbar, dass wir in einer Zeit und Gesellschaft
leben, in der so viel möglich ist. Wie viel Wahlfreiheit gibt
es! Hier ein interessanter Kurs, dort ein neuer Job. Wo-
hin soll der Urlaub gehen? Hoffentlich finde ich auch das
Beste! Und den Besten! Hilfe, ich muss mich entscheiden! Hoffentlich entscheide ich richtig. Und wenn wir
uns entschieden haben – war's richtig? Und verpasse ich
nicht etwas Wichtiges?

———

Vor allem Menschen, die sich schwer entscheiden können, sind schnell in dieser Kopf-Kino-Falle.

Gehören Sie zu den Menschen, die sich schwer entscheiden können? Es könnte ja die falsche Entscheidung sein! Oder Sie könnten etwas verpassen!

Ich kann Sie trösten: Leben bedeutet, immer irgendetwas zu verpassen.

Trage ich die Hose, muss der Rock hängen bleiben … und umgekehrt: Mit jeder Entscheidung für etwas lassen wir andere Optionen fallen.

Wenn man sich das klarmacht, nimmt man viel Druck aus einer Situation. „Ich will alles, nur nichts verpassen" – dieser Slogan produziert garantiert Unzufriedenheit. Denn unser Leben ist eine lange Reihe vieler, vieler verpasster guter Gelegenheiten. Sie lesen jetzt dieses Buch? Warum schauen Sie nicht den spannenden Krimi, der gerade läuft? Und ein bisschen joggen könnte Ihnen auch nicht schaden! Wie können Sie jetzt in Seelenruhe lesen, während Ihre Freundin Lara schon lange auf ihren Anruf wartet?

Und das andere: Es gibt meistens nicht nur die eine Möglichkeit. Gerade entscheidungsschwache Menschen quälen sich mit einem Entschluss, weil sie Sorge haben, nicht das Richtige zu treffen. In der Regel hält das Leben eine große Palette von „Richtigem" bereit. Es gibt nicht die eine richtige Wohnung, die eine richtige Arbeitsstelle, das richtige Urlaubsziel, selbst nicht den einen richtigen Partner. Entscheidend ist, nach der Entscheidung mit der Entscheidung gut zu leben, sie zu gestalten.

Entscheidend ist, nach der Entscheidung mit der Entscheidung gut zu leben, sie zu gestalten.

2. Ich möchte doch nur glücklich sein – ist das denn zu viel verlangt?

Eigentlich sind Sie doch ziemlich bescheiden, oder? Vorsicht! Der Geist des „Das kann ich doch wohl erwarten" ist ziemlich verbreitet und lässt grübeln, wenn es nicht so kommt, wie wir erwarten – nicht der tolle Job, die harmonische Familie, die funktionierenden Kinder usw. Auch die Ansprüche an gelingende Partnerschaften steigen und steigen. Und wenn wir's nicht bekommen, worauf wir doch einen Anspruch zu haben meinen? Dann kommen wir ins Grübeln über das, worauf wir doch eigentlich mit Fug und Recht ein Anrecht haben ... wie wir dachten. Schnell ist dann die enttäuschte Erwartung im Fokus der Grübeleien – und betrachtet werden die anderen, diejenigen, die haben, was uns fehlt, was wir nicht haben. Schon wieder meldet sich die Vergleichsfalle, die das Kopfkino ordentlich einheizt.

3. Nehmen Sie sich wichtig, aber nicht zu wichtig

Wir machen uns viel zu viele Gedanken und betreiben unnötige Gedankenleserei, weil wir uns oft einfach zu wichtig nehmen und schnell in ein „Alles-oder-nichts"-Denken fallen. Der Sohn hat eine Arbeit verhauen ... und schon sehen wir die Katastrophe kommen; die Kollegin antwortet kurz angebunden ... und wir überlegen noch am Abend, was das wohl für unsere Beziehung zu bedeuten hat; Ihr Mann ist so unaufmerksam ... und Sie vermuten das Schlimmste. Natürlich ist es möglich, dass die Kollegin plötzlich ein Problem mit Ihnen hat, der Sohn auf der falschen Schule ist und Ihr Mann ..., aber es gibt – und zwar meistens! – auch eine viel einfachere Lösung: Die Kollegin hatte einfach schlechte Laune, weil sie

Stress zu Hause hatte, Ihr Sohn kann doch einfach einmal eine Klassenarbeit verhauen, und Ihr Mann hat zurzeit ziemlich viel Druck und Ärger in seinem Büro.

Wir denken oft schlecht oder gering über uns selbst. Und schnell macht man sich viele Gedanken, was die anderen wohl denken. Wir wären sicher erstaunt, wenn wir wüssten, wie wenig Gedanken sich andere oft machen!

Sprich: Manchmal sind die Probleme, die uns bewegen, wirklich nur Problemchen!

4. Wir „machen" uns Gedanken

Haben wir überhaupt Einfluss auf unsere Gedanken? Kommen sie nicht einfach als ungebetene Gäste in unseren Kopf? Ja, vielleicht treten sie als ungebetene Gäste ein, aber wir müssen sie nicht auch noch freundlich zum Verweilen einladen. Wie sagte Martin Luther: „Du kannst nicht verhindern, dass die Vögel über deinem Kopf kreisen, aber du kannst verhindern, dass sie Nester bauen." Wir sind unseren Gedanken nicht einfach ausgeliefert. Denn es ist so wahr: Wir machen uns unsere Gedanken.

Die gute Nachricht dazu: Wir können uns selbst beim „Gedankenmachen" ertappen: „Ach, da bist du schon wieder, du Schwarzmaler, Miesmacher, Angsthase, Schlechtredner" – so können Sie Ihre düsteren Gedanken in Empfang nehmen – und dann bewusst verabschieden.

Unsere Gedanken können wir prüfen – und dann vertreiben. Das ist nicht immer

„Du kannst nicht verhindern, dass die Vögel über deinem Kopf kreisen, aber du kannst verhindern, dass sie Nester bauen." MARTIN LUTHER

leicht, je nach Situation. Leider reicht es nicht, im Kopf einen Schalter umzulegen, aber wir sind dem Gedankenkreisen nicht hilflos ausgeliefert.

„Mehr als alles andere achte auf deine Gedanken, denn sie bestimmen unser Leben" (Sprüche 4, 23). Diese Weisheit ist 2500 Jahre alt und hoch aktuell.

Wenn wir uns unserer Gedanken bewusst werden, ist eine Gefahr auf jeden Fall leichter gebannt: Sie können nicht mehr ungehemmt ihre geheime Macht in uns entfalten. Wir können dem nörgelnden „Contra" etwas entgegensetzen, kraft unseres Willens – ganz praktisch.

5. Tipps für das andere Programm

Grübeln ist ein Energieräuber, dunkle Gedanken verdüstern die Stimmung, belasten Beziehungen, gefährden unsere psychische und physische Gesundheit – alles Gründe, die Öffnungszeiten des unguten Kopfkinos zu reduzieren und ein gutes Gegenprogramm zu starten:

• Üben Sie, das Positive zu sehen

Wenn es stimmt, dass wir uns unsere Gedanken machen, haben wir Einfluss auf die positiven Gedanken. Wie oft nervt Sie Ihr halbwüchsiger Sohn! Grund genug, sehr bewusst das Positive zu registrieren – und es auch auszusprechen.

• Drücken Sie Dankbarkeit aus

Wer dankt, verändert die Perspektive (s. Kap. 7). Undankbarkeit vermehrt den Mangel. Undankbarkeit produziert unerbittlich Gefühle, die das negative Kopfkino ankurbeln: Neid, Unsicherheit, Bitterkeit.

Üben Sie sich ganz bewusst in der Dankbarkeit. Wer

denkt, dankt. Unmittelbare Auswirkungen auf die Gefühle sind die Folge.

• Beschäftigen Sie sich mit Gottes Wort

Trauen Sie den Zusagen Gottes. Erbitten Sie bei Gott innere Stärkung.

Der Apostel Paulus beschreibt den Heiligen Geist als „Geburtshelfer" der guten Gedanken und guten Taten. Erbitten wir doch von Gott immer und immer wieder diese Begeisterung, die Früchte trägt: „Der Heilige Geist bringt in unserem Leben nur Gutes hervor: Liebe und Freude, Frieden und Geduld, Freundlichkeit, Güte und Treue, Besonnenheit und Selbstbeherrschung." (Galater 5, 21, 22).

• Gedankenstopp

Schon wieder erwischen Sie sich bei Ihrem Kopfkino. Probieren Sie es aus: Stellen Sie bewusst den Filmprojektor im Kopf ab. Sagen Sie „stopp!". Natürlich funktionieren wir nicht auf Knopfdruck, aber dieser unmittelbare Einfluss auf unsere Gedankenspiele sollte nicht unterschätzt werden. Drücken Sie auf „stopp!" – und wenden Sie sich bewusst etwas anderem zu.

7. Grund:
Weil der Dank die bessere Brille ist, das Leben zu betrachten

Warum es sich lohnt,
die Dankbarkeit zu trainieren

Kommt es Ihnen bekannt vor?

Die Fischersfrau Ilsebil wollte doch nur ein kleines Stückchen vom großen Kuchen. „Das kann's doch nicht gewesen sein, mein kleines Leben!" Sie hatte sich mit ihrem armseligen Leben nicht zufriedengeben wollen. Sie hatte Erwartungen an ihr Leben. Darum schickte sie ihren Fischersmann zurück zum großen Teich, um den sprechenden Butt, dem er das Leben geschenkt hatte, wieder zu rufen: „Sag dem Butt, wir beide wünschen uns ein kleines, feines Reihenhäuschen. So eins mit grünen Fensterläden und Sprossenfenstern." Ilsebil wollte raus aus dem Loch, das noch nicht einmal die Bezeichnung „Hütte" verdient hatte. Als der Fischer wieder heimkommt, findet er seine Liebste auf einer grünen Gartenbank sitzen, das Haus strahlt weiß verputzt, alles ist so fein und … Ilsebil liest in dem Magazin „SCHÖNER WOHNEN".

Ihre Stirn ist ärgerlich gerunzelt. „Wie konnte ich nur so blöd sein! Warum habe ich mir nicht gleich eine Villa gewünscht?!", denkt sie ... doch zu Recht, oder? Und schon schickt sie ihren Fischer wieder auf den Weg zum Teich, um den nächsten Wunsch seiner Ehefrau an den Butt zu richten. Kennen Sie das Ende des Märchens? Nachdem sich das Karussell der Unzufriedenheit angefangen hatte zu drehen, wurde es immer schneller – und am Ende landeten die beiden dort, wo sie herkamen. Im „Pisspott"! – Schon ein bisschen drastisch, oder?

Kann es wirklich sein, dass uns die Unzufriedenheit ums Leben bringt? Nicht im wörtlichen Sinne, aber übertragen ist der „Was-ich-nicht-habe-wünsche-ich-mir"-Blick eine wirkliche Minderung an Lebensqualität. Wir fallen nicht tot um, aber killen so manche gute Zeit in unserem Leben, weil wir sie mit Gedanken der Unzufriedenheit verbringen.

Dass das Blut der Ilsebil auch durch unsere Adern fließt, zeigt diese Geschichte einer frisch verheirateten jungen Frau, die mit ihrem Mann traumhafte Flitterwochen in der Karibik verbracht hatte. Auf dem Rückflug entdeckt sie im Flughafenkiosk Hochzeitsmagazine.

„Nachdem die monatelange, Kräfte zehrende Phase der Hochzeitsvorbereitungen endlich vorbei war, hätte ich diese Zeitschriften eigentlich keines Blickes würdigen dürfen. Ich tat es trotzdem – und prompt überkam mich angesichts der abgebildeten Gestaltungsideen ein fieses Wehmutsgefühl. Hätten wir uns nur noch ein bisschen mehr Zeit genommen und Mühe gegeben – wir hätten eine noch perfektere Location gefunden, die Kirchen- und Tischdekorationen noch ausladender gestaltet und ich hätte ein noch schöneres Hochzeitskleid angehabt. Mein Mann fiel fast vom Stuhl, als ich ihm gegenüber mein

Bedauern darüber ausdrückte, dass wir nun nie wieder eine Hochzeit planen würden. Komisch eigentlich. Denn schließlich war ich – bevor ich die Magazine entdeckt hatte – einfach nur glücklich gewesen."

Waren Sie früher mit einem „Mangelhaft" unter Ihrer Klassenarbeit zufrieden? Ziemlich sicher nicht. Und heute? Was und wer in unserem Leben bekommt von uns die Note „Mangelhaft"? Und wie leicht? Die beiden Beispiele zeigen, wie gefährdet der Mensch ist, selbst die guten Dinge seines Lebens mit einem „Mangelhaft" zu etikettieren.

Ist das Leben wirklich eine Mangelware? Oder ist der Mensch mit seinem Hang zur Maßlosigkeit so angelegt, dass ein erfüllter Wunsch immer den anderen aus sich heraus gebiert? Eine erschreckende Vorstellung? Oder doch ein realer Spiegelblick? Das Märchen vom Fischer und seiner Frau und der Bericht der frischgebackenen Ehefrau und ihrer Hochzeitsfeier lassen uns ahnen, dass auch wir „Ilsebil-Betroffene" sind.

Damit wir uns nicht falsch verstehen, ich halte kein Plädoyer für den Status quo in Ihrem Leben. Natürlich, Veränderung ist manchmal dran, Wünsche darf man haben und erfüllen, und wir brauchen durchaus einen guten Blick für das, was wir nicht hinnehmen sollten (Sie konnten im 3. Kapitel über Schritte der Veränderung lesen) – aber wir müssen keine „Ilsebils" werden!

Entwicklungsmöglichkeiten

Die Dankbarkeit ist eine wirklich gute Medizin gegen die Unzufriedenheit.

Genau die fehlte der Fischersfrau Ilsebil. Dankbarkeit ist viel mehr als das höfliche Händeschütteln und ein reflexartiges dahingemurmeltes „Dankeschön", sondern eine Lebenshaltung, eine Lebenseinstellung, für die man sich entscheiden und die man bewusst trainieren kann!

„Wie sagt das liebe Kind?" – So haben wir es von Kindheit an gelernt. Also bedanken wir uns auch heute brav, wenn wir ein Geschenk überreicht bekommen, uns jemand etwas anbietet und die Verkäuferin uns freundlich berät. Doch sind diese sehr angenehmen Höflichkeitsbekundungen noch nicht Ausdruck der inneren dankbaren Einstellung, des tiefen Gefühls der Dankbarkeit. Die psychologische Forschung hat in den letzten Jahren die große Bedeutung der Dankbarkeit als Ressource für seelische Gesundheit entdeckt. Eine Haltung der Dankbarkeit erleichtert das

Eine Haltung der Dankbarkeit erleichtert das Leben, schenkt Lebensgenuss, bereichert Beziehungen und bewahrt davor, zu verbittern.

Leben, schenkt Lebensgenuss, bereichert Beziehungen und bewahrt davor, zu verbittern. Dankbarkeit ist der gute Blick aufs Leben – und deshalb das Gegengift zur Unzufriedenheit!

In den Psalmen, den Liedern und Gebeten der Bibel, finden wir wahre „Anleitungen zur Dankbarkeit":

„Beschütze mich, Gott, denn dir vertraue ich! Du bist

mein Herr, mein ganzes Glück! Du zeigst mir den Weg, der zum Leben führt. Du beschenkst mich mit Freude, denn du bist bei mir. Ich kann mein Glück nicht fassen, nie hört es auf" (Aus Psalm 16, Hfa).

Hier nimmt ein Beter den Mund nicht zu voll, wie man ihm vielleicht vorwerfen könnte, sondern zeigt ganz andere Perspektiven auf, als wir Menschen sie selbst entwickeln könnten. Er weiß und zeigt: Hier ist ein Ankerplatz außerhalb unserer Machbarkeiten. Mein Ankerplatz.

1. „Der Herr ist mein Hirte, mir wird nichts mangeln" – Dankbarkeit umhüllt die Vorläufigkeit unseres Lebens

„Mir wird nichts mangeln" ... ist das eine Steilvorlage des Psalmbeters! Ist das nicht maßlos übertrieben? Vielleicht meint der Psalmbeter sein Gebet so: Der Mangel unseres Lebens bekommt einen Schutzschirm. Nichts in dieser Welt, was wir als Mangel erleben, behält das letzte Wort, die letzte Macht. Selbst wenn wir durch das dunkle Tal des Todes gehen werden. „Du bist bei mir", so vertrauensvoll spricht der Psalmbeter. Welch eine großartige Perspektive! Himmlische Perspektiven! Der Blick auf Gott kann uns wirklich entkrampfen, lockern. Die Zusage, dass Gott immer um mich ist, nichts mich trennen kann von der Liebe Gottes, keine Mangelerfahrung das letzte Wort behält, all dies kann Seelenentspannung pur bedeuten. Ich muss mein Leben nicht ausdrücken wie eine Zitrone. Der Apostel Paulus spitzt es zu: „Dabei ist in der Tat jeder reich, der an Gott glaubt und mit dem zufrieden ist, was er hat. Denn wir sind auf diese Welt gekommen, ohne etwas zu besitzen, genauso werden wir sie auch verlassen" (1. Tim. 6, 6.7). Eine biblische Umschreibung des nüchtern anmutenden Volksmundes: „Das letzte Hemd hat keine Taschen."

Dankbarkeit heißt also nicht, die schönen Dinge, die uns das Leben auch bereithält, sauertöpfisch zu verachten. Es geht nicht um Askese. Im Gegenteil! Einige Verse nach den zitierten ermutigt Paulus zum Genießen: „Hofft auf Gott, der uns alles darbietet, es zu genießen" (1. Timotheus 6, 17). Ist es nicht wunderbar?

Welch eine Einladung zu einer Lebensreise mit leichterem Gepäck! Die Unzufriedenheit können Sie getrost immer wieder bei Gott abgeben. Vertrauen lässt uns durchatmen, schenkt Freiheit von diesem atemlosen „Hilfe, ich könnte etwas verpassen", „Das muss ich unbedingt haben", „Das muss ich unbedingt erreichen". So reist es sich doch leichter, oder?

2. Dankbarkeit lehrt das richtige Schauen

Viele Menschen leben in einer „Wenn-erst-einmal"-Lebenshaltung.

Wenn erst einmal die Schule abgeschlossen ist, die Ausbildung beendet, der richtige Lebenspartner gefunden, die Familie gegründet, das Haus gebaut, der Ruhestand erreicht, ja dann … Der Blick ist gerichtet auf das, was noch nicht ist, sondern erst nächste Woche, nächstes Jahr, wann auch immer erst kommen wird.

Die Dichterin Marie von Ebner-Eschenbach sagt: „Wenn die Zeit kommt, in der ich könnte, ist die Zeit vorbei, in der ich kann."

Das Leben findet gerade jetzt statt, während unser Kopf voller Pläne ist. Wir müssen nur die Augen öffnen. Der schöne Abend mit ihren Freundinnen – ist jetzt.

Ihr Sohn – ziemlich oft muffelig und den Kopf voller

verrückter Ideen – sitzt jetzt mit ihnen am Küchentisch und kommt aus dem Erzählen nicht mehr raus.

Natürlich müssen wir in unserem Leben viel planen und organisieren – und natürlich auch manches verändern. Ilsebil hat das schon richtig gemacht, als sie die Chance, kostengünstig an ein schmuckes Reihenhäuschen zu kommen, nutzte. Nur schade, dass sie nicht genießen konnte. Und Sie wissen ja: „Wer nicht genießen kann, ist auch nicht zu genießen." Es fehlte ihr die Dankbarkeit. Sie nahm die Realitäten ihres Lebens, den Reichtum, den das Leben bereithält, nicht wahr.

Kann man das Danken einfach so verordnen? Natürlich nicht. Aber man kann sich einladen lassen mitzumachen. „Geh aus mein Herz und suche Freud", dichtet der bekannte Kirchenliederschreiber Paul Gerhardt. Worte, die so viel Lust machen, die Schönheiten des Lebens anzuschauen. „Guck doch hin", so scheint Paul Gerhardt zu rufen, „siehst du nicht den Reichtum deines Lebens?! Die Natur in ihrer Pracht! Ich kann nicht anders. Ich muss jubeln!" Paul Gerhardt kann die Schönheit des Lebens bejubeln, trotz aller Bedrängnis, die er im eigenen Leben und um sich herum erlebt, eben weil er auf die andere Schönheit hinweist: Das Beste kommt noch, das ist seine Hoffung. Himmlische Perspektiven machen frei. Ein Mensch mit Ewigkeitsperspektiven kann also eher lockerlassen und locker bleiben – hoffentlich tut er es auch!

Unser Leben ist ein Fragment – ja, aber es wird vollendet. Wir werden mit unserem Leben bei Gott ankommen. Über die Grenze des Todes hinaus. Was ist das für eine glanzvolle Aussicht. Einfach himmlisch!

---

3. Dankbarkeit befreit mich aus dem „Hätte ich lieber" und „Sollte ich doch?"

Leben unter Optimierungsdruck. Der Blick ist nach vorn gerichtet. Hier noch eine Weiterbildung, dort ein neues Fitnessangebot und jetzt die ultimative Methode, besser zu entspannen. Wir haben so viele Angebote, so viele Möglichkeiten, unser Leben zu optimieren – und so viele Möglichkeiten auszupowern. Unzufriedenheit entsteht aus diesem inneren und äußeren Druck, nun auch möglichst viele Möglichkeit auszunutzen. „Sollte ich besser?", „Vielleicht könnte ich ja …?"

Und der Blick zurück? So ein Lebensrückblick kann das Gefühl der Unzufriedenheit aufziehen lassen: „Hätte mein Leben nicht ganz anders verlaufen können?" Ja, es hätte tatsächlich anders verlaufen können. Wie jedes Leben. Sie haben viele Entscheidungen getroffen, manches haben Sie einfach auf sich zukommen lassen. Und andere Menschen haben so manches Mal für Sie entschieden. Sie haben sich Ihre Herkunftsfamilie nicht ausgesucht, auf das Land Ihrer Geburt hatten Sie keinen Einfluss und vielleicht hatten Sie das Pech, Ihre Schulzeit mit einer Lehrerin zu starten, die schon lange wusste, dass sie Kinder eigentlich nicht ausstehen konnte. Echt blöd gelaufen. Es gibt tatsächlich unendlich viele Gründe, seufzend, hadernd, vielleicht sogar mit Groll zu sagen: „Ach, hätte doch nur …"

Der dankbare Blick zurück dagegen – wie sieht der aus? Klar: Er bügelt nicht alles glatt, er redet nicht die Dinge schön, aber er lässt zur Ruhe kommen, hilft loszulassen und lässt uns viel Gutes in unserem Leben entdecken, was leicht durch Nörgelei und Unzufriedenheit übersehen oder verschüttet wird.

4. Dankbarkeit umhüllt die Gebrochenheit unseres Lebens

„Shit happens", sagt lakonisch der Engländer.

In Ihrem Leben ist nicht alles glattgelaufen, stimmt's? Da gibt es ganz sicher den einen oder anderen Faltenwurf. Da ist es gut zu wissen: Das geht nicht nur Ihnen so. *Die Gebrochenheit, das Unvollendete, das Nichtgelungene gehören zum menschlichen Leben dazu.*

Denn die Gebrochenheit, das Unvollendete, das Nichtgelungene gehören zum menschlichen Leben dazu. Unser Leben ist begrenzt. Wir werden geboren, und eines Tages schlägt unsere letzte Stunde. Diese beiden Grenzen umgeben jeden Menschen. Innerhalb dieser Lebensgrenzen hat jeder Mensch seine biografischen Begrenzungen. Und innerhalb dieser Begrenzungen bleibt unser Leben bruchstückhaft, ein Fragment.

Barbara erzählt mit Tränen in den Augen, dass ihr Stiefvater ihr nicht erlaubt hat, auf das Gymnasium zu gehen. „Meine Klassenlehrerin hat ihn so sehr darum gebeten." Noch immer kommen Tränen – und Barbara ist 65 Jahre alt.

Sabine hätte sich nie ein Leben ohne Kinder vorstellen können. Nun ist sie 41 Jahre alt und die Ärzte haben keine Antwort, warum sie nicht schwanger wird.

Geplatzte Lebensträume – das sind die stillen Katastrophen eines Lebens (vgl. 4. Kap.). Und dann stehen in unserer Lebenslandschaft hier und da Ruinen. Es gibt Eingestürztes oder mutwillig Zerstörtes. Freundschaften, die zerbrachen. Enttäuschungen über zerbrochene Beziehungen. Treuebruch. Berufliche Fehlschläge.

Auch Sie selbst haben manches eingerissen, haben andere verletzt. Manches konnte geklärt werden, anderes aber nicht. – Unser Leben ist eine Baustelle. Wie wahr!

Ein unzufriedener Mensch definiert sich über seinen Mangel. Er sehnt sich nach dem, was er gerade nicht hat, nicht ist, nicht kann.

Der dankbare Mensch ist nicht blind für diese Seite seines Lebens, aber er definiert sich nicht darüber.

„Gott bittet uns, ihn zu lieben, nicht weil er unsere Liebe zu ihm braucht, sondern weil wir unsere Liebe zu ihm brauchen", schreibt Franz Werfel.

Ich wage eine Umformulierung dieses guten Gedankens:

„Gott bittet uns, ihm zu danken, nicht weil er unseren Dank ihm gegenüber braucht, sondern weil wir unseren Dank ihm gegenüber brauchen."

Danken weitet und hebt den Blick und auch die Gemütslage.

In Japan gibt es eine besondere Form der Keramikkunst. Gefäße werden zerbrochen und dann wieder zusammengefügt. Die entstandenen Risse werden goldfarben ausgemalt. Die Schönheit dieser Kunststücke liegt in den Bruchstellen. In einem Interview las ich von einer amerikanischen Künstlerin, die diese Kunstform nachahmt. Sie hatte einen schweren Unfall, lange Zeit lag sie im Krankenhaus: „Dort hatte ich viel Zeit, über mein Leben und die Bruchstellen meines Lebens nachzudenken. Die Schönheit der zerbrochenen und zusammengefügten Gefäße ist ein Gleichnis meines Lebens."

5. Probieren Sie es doch aus

Die wirklich gute Nachricht lautet: Dankbarkeit ist trainierbar. Einige einfache Übungen helfen:

• Kommen Sie sich selbst auf die Schliche!
Ertappen Sie sich selbst bei Ihren negativen Gedanken (mehr dazu im 6. Kap. „Kopfkino"): Schon wieder geklagt, Kopf voller Sorgen, rumgemeckert, neidisch? Setzen Sie ganz bewusst ein „Stopp" entgegen.

• Danke!
Gehen Sie am Ende eines Tages wie an einem Geländer die Ereignisse des Tages durch. Sie finden viele Gründe für ein „Danke". So verstehe ich die vielen Ermutigungen in den Psalmen. Immer wieder heißt es „Danket dem Herrn". Braucht Gott Streicheleinheiten? Nein, das soll uns guttun: Er will unseren Blick verändern ... und damit unser Herz.

• Wertschätzung zum Ausdruck bringen
„Meine Frau weiß doch, dass ich sie liebe. Warum soll ich es ihr denn dann noch sagen." So geht's natürlich nicht. Das hat sich sicher schon herumgesprochen. Ein „Ich-liebe-dich" ist Gold wert (viel mehr als das SMS-Kürzel „hdl" – hab dich lieb, das doch ziemlich leichtfertig bei jungen Leuten von Handy zu Handy saust). Aber noch viel mehr Menschen können unseren Dank als Ausdruck unserer Freude darüber, dass es sie gibt, gebrauchen!

Trainieren Sie eine Sprache, die Dankbarkeit und Wertschätzung ausdrückt.

   Wertschätzung braucht „Ausdruck". Trainieren Sie

eine Sprache, die Dankbarkeit und Wertschätzung ausdrückt.

Wir finden viele Gründe, uns am „Danke" zu verschlu-
cken („Ist doch selbstverständlich", „Er weiß bestimmt,
wie dankbar ich ihm bin", „Das war doch kein Problem
für ihn und eigentlich selbstverständlich"). Probieren Sie
es aus und teilen Sie bewusst ein klares „Ich danke dir!"
unter den Menschen aus. Es hellt die Stimmung auf – auf
beiden Seiten.

8. Grund:
Weil ich mit meinen Nächsten barmherzig sein darf

Warum es Besseres gibt als Klatsch und Tratsch

Kommt es Ihnen bekannt vor?

Ich gebe es zu: Etwas Wartezeit beim Arzt finde ich gar nicht so schlecht. Unter einer Bedingung: dass ich bei den ausgelegten Magazinen Zeitschriften finde, in denen ich Neues aus dem Leben der Schönen und Reichen finde. Einmal ganz schnell durchblättern, Fotos gucken, Überschriften erhaschen. Sich schnell einfach mal wieder auf den scheinbar neuesten Stand bringen. Hat Boris Becker eigentlich eine Neue? Und ist sie blond oder wieder braun? Und Verona Pooth alias Feldbusch – hat sie nun mit den heiklen Steuersachen zu tun oder nicht? Und wie war das noch mal mit Til Schweiger? Der nette Familienvater. Vier Kinder hat er mit einer Frau – und jetzt soll er doch so oft untreu gewesen sein?

Ach ja. Das Leben der Reichen, Schönen, Berühmten. Boulevard ist Klatsch und Tratsch. Warum in aller Welt interessiert uns das Leben eines Menschen, der weit von uns entfernt lebt, den wir wahrscheinlich nie kennenlernen werden, und an dem wir – ganz ehrlich – eigentlich auch nicht wirklich Interesse haben, auch nur einen Deut?

Wahrscheinlich ist die Antwort so einfach, wie sie peinlich ist: Wir tun das für uns. Weil es immer wieder beruhigend ist, dass das Leben „da oben" auch nicht einfach ist, und man sich mit dem wohligen Gefühl zufrieden in den Wartezimmersessel zurücklehnen kann: „Ach, bin ich froh, dass es mir im Großen und Ganzen ziemlich gut geht. Hab zwar nur einen Kleinwagen, eine ziemlich überschaubare Dreizimmerwohnung und einen Mann mit grauen Haaren und ohne Sixpack, aber dafür lebe ich wenigstens recht unbehelligt."

Die Familie ist schon ganz unruhig, endlich kommt Oma nach Hause. „Hat denn euer Kaffeeklatsch so lange gedauert?", fragt die Tochter. „Ich wäre ja gern schon früher nach Hause gekommen, aber immer wenn eine der Damen gegangen war, haben die anderen so über sie hergezogen. Ich musste einfach bis zum Schluss bleiben."

Mit Omas Kaffeeklatsch rücken wir schon ein bisschen mehr in unsere heimischen Sphären. Die Promigeschichten auf den Hochglanzseiten sind weit weg. „Hast du schon gehört …", „Mensch, wie sich der Christian wieder aufspielt …", „Also Maria scheint ja in einer echten Beziehungskrise zu stecken …" – so ganz unbekannt sind diese Satzanfänge wohl keinem. Nach einer Untersuchung haben 65 % aller Gerüchte negativen Inhalt, auch die privaten. Die Triebfeder des Schlechtredens ist der beim Lesen der Zeitungsgeschichten gar nicht so unähnlich: Mit dem Über-die-anderen-Reden lenken wir so gern von uns ab. Aber das vermeintlich „gute" Gefühl bei dieser „Sportart" ist sehr schnell verflogen, Zufriedenheit stellt sich nicht ein, denn langfristig gut geht es dem „Schlechtdenker" nicht – und leider auch nicht den „Opfern".

Entwicklungsmöglichkeiten

Lassen Sie uns fragen, warum wir Menschen allzu gern in diese Falle laufen.

1. Was ich über den anderen sage, sagt am meisten über mich

„Was den Hans an der Liese stört, zeigt mehr vom Hans als von der Liese." Oder: „Beim ausgestreckten Zeigefinger zeigt einer weg und vier Finger zeigen in meine Richtung" – Beide Male sagt der Volksmund: „Fasse dich an die eigene Nase, wenn du den anderen nicht riechen kannst."

Das hat auch die Wissenschaft erwiesen: Antipathie entsteht, wenn der andere mich an jemanden erinnert, mit dem ich (!) schlechte Erfahrungen gemacht habe. Fatal – oft ist es uns gar nicht bewusst. Gut also, wenn uns der neue Kollege auf Anhieb unsympathisch ist und wir realisieren, dass das nicht an ihm liegt, sondern daran, dass er den gleichen Gesichtsausdruck hat wie Onkel Heinz, dessen Ironie mich schon als Kind so erschreckt hat. Oder wenn wir merken: Diese neue Frau im Bekanntenkreis hat ja dieselbe Art zu sprechen und auch noch so eine Frisur wie die ehemalige Chefin, die man gerne bald los war … Kein Wunder, dass die Frau keine Chance zu haben scheint.

Tun wir also doch bitte den anderen nicht unrecht und durchschauen wir uns selbst!

Oder: Die Kollegin lebt einen Lebensstil, den man sich selbst aus welchen Gründen auch immer nicht gönnt, nicht leisten kann oder ablehnt. Wie schnell macht man sie in Gedanken und Worten schlecht, um mit dem heimlichen Gefühl, „wieder einmal schlechter dran zu sein", besser zurechtzukommen?

Anders kann man sich auch die Grabenkriege der berufstätigen, teilzeitbeschäftigten und Zu-Hause-Mütter nicht erklären. Warum macht frau verbal nieder, was anders ist bei der anderen:

„Die kann sich doch gar nicht richtig um ihre Kinder kümmern ...", „Diese Gluckenmütter gehen mir mächtig auf die Nerven!", „Also, wie die das immer schafft?!", „Das ist wohl ne richtige Powerfrau!", „Bei der ist immer alles blitzblank ... naja, wenn man nichts anderes zu tun hat ...", „Wieso sitzt die schon wieder auf ihrer Terrasse – naja, wenn der Mann das Geld anbringt ...", „So viel Zeit zum Sportmachen hätte ich auch gern mal!"

Alles klar! Die andere ist anders, aber wir müssen etwas miesmachen, weil es uns offensichtlich schwerfällt, die andere sein und leben zu lassen, wie sie ist.

Es ist das Bedürfnis nach Rechtfertigung des eigenen Lebens, das uns antreibt zu urteilen, schlechtzumachen, schlechtzudenken.

Das Problem ist nur, bei diesem Spiel gibt es zwei Opfer! Denn wieder einmal definieren wir uns beim Negativreden über die anderen und sind nicht bei uns selbst.

Ich bin ich und du bist du. – Warum nur fällt es uns so schwer, den anderen stehen zu lassen? Und zwar nicht im Regen stehen zu lassen, sondern auf gute Weise und mit dem wachsenden Verstehen, dass es sehr viele Möglichkeiten gibt, das Leben zu sehen, zu denken, zu handeln, zu fühlen. Und dass „anders" nicht besser oder schlechter ist, sondern erst einmal einfach „anders".

2. Was kann die andere aus mir herauslocken?

Daraus ergibt sich: Schlecht über andere reden, das ist oft eine Sprachform des Neides. Ja, da ist er wieder – der hartnäckige Neid. Wie oft holt uns dieser Beziehungsfeind ein (vgl. 1. Kap.)! Neid schadet auf breiter Front, keine Frage.

„Wie die sich aufspielt", „Man, ist die aufgebrezelt", „Bei der kannste vom Boden essen", „Die redet ohne Punkt und Komma", „Na, so gut möchte ich's auch mal haben" – was sagen solche Sätze eigentlich über die Person, die sie ausspricht?

Meistens ziemlich viel. Denn mal ganz ehrlich: Oft nervt und ärgert mich die andere doch, weil sie etwas hat und kann, was ich bei mir vermisse.

„Wie die sich aufspielt!" – Nein, die andere spielt sich nicht auf, aber ich wäre so gern ein wenig wortgewandter, freier im Umgang mit anderen.

„Wie die sich aufbrezelt" – Nein, die andere „brezelt" sich nicht wirklich auf, aber es wurmt vielleicht zu sehen, dass andere mit scheinbarer Leichtigkeit etwas aus ihrem Typ machen und man selbst wieder einmal das „Graue-Maus"-Gefühl hat.

Aber es gibt auch die kleine, sympathische Schwester des Neides. Was macht, kann, hat die andere, was ich bei mir selbst auch entwickeln könnte? Was könnte aus mir herausgelockt werden?

Die andere anders sein lassen, das ist eine echte Herausforderung.

„Und schon wieder sitzt die auf dem Balkon!" – Gilt es hier vielleicht, einen Verzicht, den man sich selbst so selbstverständlich auferlegt hat, infrage zu stellen? Womöglich ist es Zeit, sich selbstkritisch zu fragen, ob man eigentlich dem Leben Genusszeiten abgewinnen kann, anstatt über andere schlecht zu denken, die ihr Leben offensichtlich (auch) genießen können.

3. Reden über andere, um von den eigenen Problemen abzulenken

Julias Lieblingsthemen sind die Partnerschaften ihrer Freundinnen: „Also wie sich Bettina von ihrem Stefan behandeln lässt, das würde ich mir ja nicht bieten lassen …" Es geht ihr im Moment selbst nicht so gut in ihrer Ehe, aber es ist natürlich einfacher, erst einmal auf die anderen zu schauen. „Bei denen ist es ja noch viel schlimmer" scheint etwas Beruhigendes zu haben. Auf jeden Fall lenkt es ab.

Frank und Uta haben stets und ständig gemeinsame „Feinde": Die Schwiegereltern machen ihnen Probleme, die Lehrer ihrer Kinder sind echt unmöglich, der Chef von Frank ist wirklich eine Zumutung, der Kieferorthopäde der Kinder ist immer so unfreundlich. Immer gibt es irgendjemanden, über den sich die beiden wunderbar aufregen können. Stoff für viele abendfüllende Gespräche. Ist der Feind draußen, muss man sich nicht mit sich selbst beschäftigen! Wie oft sind die „anderen" Thema bei Ihnen, sprich: der „gute" Grund, sich gemeinsam aufzuregen? Im Gespräch mit Ihrem Partner, wenn Sie mit der Freundin zusammen sind?

4. Ich brauche den anderen nicht verändern

Wir können einen Menschen nicht verändern – eine ernüchternde Einsicht und gleichzeitig für alle Beziehungen eine der größten Entlastungen: Ich kann und ich muss den andern nicht verändern.

Ich kann entscheiden, wo Abgrenzung nötig ist, wo vielleicht auch Zusammensein mit diesem Menschen nicht guttut. Ich habe Einfluss auf mein Verhalten und mein Denken – das kann ich verändern. Mehr nicht!

5. Es geht auch anders! Probieren Sie es doch aus – Barmherzigkeit konkret

• Durchschauen Sie sich selbst

Aus welchem Bedürfnis heraus reden Sie schlecht über andere? Was treibt Sie an? Ist es der Neid? Haben Sie Probleme mit dem Anderssein des anderen (einer der größten Störenfriede in den zwischenmenschlichen Beziehungen)? Stehen vielleicht ungeklärte Dinge zwischen Ihnen und der anderen Person, aber es fehlt der Mut, die Probleme anzusprechen? An dieser Selbstprüfung führt kein Weg vorbei. Aber sie lohnt sich.

• Unterstellen Sie keine bösen Absichten

Eine der größten Fallen, in die wir tappen und die uns die Beziehung zu anderen erschwert: Wir unterstellen dem anderen eine böse Absicht. „Was die da oben sich schon wieder ausgedacht haben", „Die kämen ja gar nicht auf die Idee, uns zu informieren", „Das macht die doch nur, um sich in den Vordergrund zu stellen!" Dieses Negativdenken, dieses Unterstellen von schlechten Absichten ist Gift. Prüfen Sie selbst, wie oft Sie jemandem ungeprüft negative Motive seines Handelns unterschieben. Der nächste Schritt in der Negativspirale ist dann leicht gegangen: Sie werden immer etwas finden, das Sie in der Negativhaltung dem anderen gegenüber bestätigt. Man sammelt sozusagen Minusrabattmarken. Auch hier ist

Selbstkritik gefragt: „Mit welcher inneren Haltung begegne ich diesem Menschen?"

• „Hast du das beim anderen angesprochen?"

Wenn Ihnen etwas zugetragen wird, ist dies eine verblüffend einfache Nachfrage. Uns selbst diszipliniert es auch. Habe ich über das, über das ich mich jetzt gerade auslasse, schon direkt mit dem gesprochen, um den es geht? Könnte ich es ihm ohne Probleme direkt im persönlichen Gespräch sagen? Nicht leicht, oder? Manchmal muss man wirklich allen Mut dafür zusammennehmen. Also: Klären Sie die Quellen!

Im 9. Kapitel erfahren Sie darüber mehr.

• Seien Sie Fürsprecher

Auch das lässt sich einüben: Sprechen Sie ganz bewusst gut über andere, und trainieren Sie das Gut-Denken. Ohne Frage, es gibt Dinge, die verletzend sind. Die dürfen raus und müssen bearbeitet werden. Aber das reicht uns ja meistens nicht. Wir machen weiter, drehen uns im Kreis und manifestieren ein (negatives) Bild, das wir haben, durch ständige Wiederholungen.

Über den anderen denken und sagen, was wirklich gut ist, wirkt Wunder. Wunder bei mir selbst, denn meine Haltung gegenüber dem anderen Menschen verändert sich, und oft auch ein Wunder bei dieser Person – denn ich werde dieser Person mit einer veränderten Haltung begegnen. Schon dies allein kann etwas in Bewegung bringen.

In der Bibel wird häufig über die üblen Wirkungen der Zunge gesprochen.

Zwei markante Stellen aus dem Neuen Testament zeigen, wie alt unser Problem ist: „Ach, ich hab das nicht so gemeint", „Worte sind doch Schall und Rauch", „War mal so dahingesagt" – das gilt nicht:

„So klein die Zunge auch ist, was kann sie nicht alles anrichten! Ein kleiner Funken setzt einen ganzen Wald in Brand. Mit einem solchen Feuer lässt sich auch die Zunge vergleichen. Sie kann eine ganze Welt voller Ungerechtigkeit und Bosheit sein, die uns und unser Leben vergiftet" (Jakobus 3, 5-6).

„Redet auch nicht schlecht voneinander. Was ihr sagt, soll für jeden gut und hilfreich sein, eine Wohltat für alle" (Epheser 4, 29).

Ist das nicht starker Tobak? Sind das nicht schöne Worte für Heilige? Nein! Die Bibel überfordert uns nicht mit diesen klaren Worten. Wir haben da eher einen Denkfehler in unserem Kopf: Wir fühlen uns sofort überfordert, wenn wir eine Aufzählung der „guten" Taten und Eigenschaften hören. „Ach, das ist so schwer umzusetzen!", seufzen wir. Wir übersehen jedoch, dass das „Laster", das „Lästern", der sehr viel schwerere Weg für uns ist: Schlecht denken und in der Folge schlecht reden ist Gift, das sich ausbreitet (siehe Jakobusbrief), auch im Leben des Lästerers. Noch einmal: Sie können sich ganz bewusst gegen dieses Gift entscheiden. Das ist ein lebenslanger Prozess.

Schlecht denken und in der Folge schlecht reden ist Gift, das sich ausbreitet, auch im Leben des Lästerers.

9. Grund:
Weil Nörgeln Falten macht und anderen schlechte Laune

Warum es nicht so einfach ist, Kritik zu äußern und anzunehmen

Kommt es Ihnen bekannt vor?

Entnervt schaut Birgit auf ihre Uhr. Nun wartet sie seit einer Viertelstunde auf ihre Freundin Sandra. Das hätte sie sich ja gleich denken können. Nie kommt Sandra pünktlich! „Nur ich Blöde hetz mich ab und steh mir mal wieder die Beine in den Bauch! Gleich wird Sandra um die Ecke fliegen, mir um den Hals fallen, und schon soll alles wieder in Butter sein?!"

Müde kommt Uta von der Arbeit. Diese langen Donnerstage sind besonders schlimm. Hoffentlich haben die Kinder wenigstens heute … Nein, natürlich nicht. Die Küche versinkt mal wieder im Chaos. „Immer muss ich alles machen!" Utas Frustpegel ist am Anschlag, während sie das saubere Geschirr aus der Spülmaschine räumt. War ja eigentlich Lukas' Aufgabe. Aber jetzt noch Auseinandersetzungen mit einem pickligen Jüngling? Nein, danke!

Silke weiß nicht, ob sie weinen oder lachen soll. Sie hatte ihre Furcht überwunden und eine Freundin gebeten, zu erzählen, wie sie „die Silke" erlebt. In der Gruppe. Im

Zusammensein mit ihr. Am Telefon. Manches hat ihr gefallen. Aber anderes? „So empfindet mich meine Freundin? Manches hört sich so fremd an. Das erstaunt mich
aber, so auf andere zu wirken …"

Entwicklungsmöglichkeiten

Kritik äußern und Kritik annehmen – beides fällt nicht
leicht, ist aber ein lebenswichtiger Nährstoff für alle Beziehungen und für die eigene Weiterentwicklung – wenn
man nicht den Stillstand, vielleicht sogar den Bruch ris-
kieren will.

Oft wartet man mit der kritischen Rückmeldung, bis
die Hutschnur reißt, der Topf überkocht, „man *so* einen
Hals hat". Wir Frauen haben in uns ein eigenartiges kri-
tikresistentes Gen. Es ist diese unausrottbare weibliche
Denkfalle: „Müssten die an-
deren nicht merken, wie es
mir geht, was ich jetzt brauche?" – Nein, müssten die
anderen nicht. Kaum jemand
kann uns unsere Bedürfnisse
ansehen. Und das Gedan-
kenlesen beherrschen die wenigsten. Wir müssen schon
benennen, was uns stört, wo es knirscht. Zugegeben, dies
ist leichter gesagt als getan. Wir verwechseln „Benennen"
leicht mit „Nörgeln". Runterschlucken oder rausplatzen
– beides ist ungesund. Was also ist besser?

Wir schauen uns jetzt eine spezielle, recht unbeliebte
Facette der zwischenmenschlichen Begegnung und des
Umgangs miteinander an:

> *Kritik äußern und Kritik*
> *annehmen – beides ist ein*
> *lebenswichtiger Nährstoff für*
> *alle Beziehungen und für die*
> *eigene Weiterentwicklung.*

Kaum einer mag sie, kaum einer geht locker mit ihr um – die Kritik hat es in sich. Kritik annehmen und Kritik äußern – beides kann ziemlich danebengehen und dann für schlechte Stimmung und miese Gefühle sorgen. Oder es kann gelingen!

Unser Alltag ist voller „kritischer" Situationen – bei jedem und jeder, oder? Wir sind unzufrieden, weil uns eine Situation belastet und wir wünschen uns eine Veränderung. Es führt kein Weg daran vorbei: Dann müssen wir unseren Mund aufmachen – und auch unser Herz! Für das Gelingen gibt es gleich ganz praktisch umsetzbare Kniffe, die tatsächlich helfen.

Nun sind wir alle nicht nur „Kritikerinnen", sondern auch „Kritikempfängerinnen". Auch das ist keine leichte Übung. Auf kritische Rückmeldungen anderer reagieren wir oft alles andere als entspannt. Schnell schüttet man das Kind mit dem Bade aus und fühlt sich als Person abgelehnt.

Fangen wir damit an.

1. „Darf ich dich einmal kurz sprechen?" – Kritik und Feedback annehmen

Wir können es drehen und wenden wie wir wollen – Kritik schmeckt keinem so richtig. Aber Störungen müssen entstört werden. Für die eigene Weiterentwicklung ist es wichtig, immer wieder von anderen Menschen kritische Rückmeldungen aufzunehmen. Jeder hat sein Selbstbild, seine Selbstwahrnehmung. Jeder ist sich selbst der Nächste. Man steckt in seiner Haut. Aber ich erlebe meine eigene Person auch nur als Ausschnitt, sehe nicht alles an mir. Es ist verblüffend, manchmal erschreckend, oft auch ermutigend, wie und was die anderen wahrnehmen. Es geht nicht um falsch und richtig, sondern um eine mögliche Korrektur und Weiterentwicklung.

Diese Schritte helfen, konstruktiv mit Kritik und Rückmeldungen umzugehen.

• Ohren auf und zuhören

Die oberste Regel: Hören Sie auf das, was der andere Ihnen zu sagen hat. Unterbrechen Sie nicht, sondern nehmen Sie seine Worte erst einmal auf. Noch einmal: Es geht nicht um falsch und richtig, sondern um seine Wahrnehmung.

• Fragen Sie offen nach

„Kannst du mir bitte ein Beispiel nennen?", „Was würde dir helfen?", „Was würdest du dir wünschen?"

Versuchen Sie herauszufinden,
- was der andere an Ihnen beobachtet,
- was er gefühlt und empfunden hat,
- was sein Bedürfnis ist und
- was er sich konkret wünscht, erbittet.

Versuchen Sie bitte, diese vier Schritte ins Hirn und ins Herz zu bekommen: die Beobachtung, das Gefühl, das Bedürfnis und den Wunsch.

Sie finden diesen Viererschritt unter Punkt 2: „Kritik äußern" wieder.

• Geben Sie positive Rückmeldung

Vielleicht ist es wirklich zunächst ziemlich unangenehm für Sie, aber geben Sie eine positive Rückmeldung: „Gut, dass ich das aus deiner Sicht höre", „Danke für deine Rückmeldung", „Es ist hilfreich, dass du das offen angesprochen hast."

———

Puh – manchmal möchten wir uns nur verteidigen, rechtfertigen, den Spieß umdrehen … Aber machen wir uns bewusst, dass wir durch die Augen eines anderen etwas erkennen können, das wir sonst vielleicht nicht wahrnehmen.

• **Keine Verteidigung**
„Angriff ist die beste Verteidigung" mag eine gute Fußballerregel sein, schafft in Beziehungen aber nur weitere Störungen. Diskutieren Sie nicht und verteidigen Sie sich nicht. Vielleicht ist dies das Schwierigste, in einem kritischen Gespräch nicht sofort auf diese Verteidigungs- und Rechtfertigungsschiene zu geraten, sondern hinzuhören, versuchen zu verstehen und deshalb nachzufragen.

• **Sie entscheiden**
Wir können viel aus kritischen Rückmeldungen lernen.

Noch einmal: Rückmeldungen sind eine Perspektive und nicht die Wahrheit. Klären Sie also, aus welchen Motiven der andere kritisiert. Vielleicht ist Neid ein Motiv. Sie entscheiden, wie Sie mit der Kritik des anderen umgehen.

Manchmal kann es helfen, noch andere Personen um ihre Rückmeldung zu bitten.

2. Kritik äußern
Kritik anzunehmen ist nicht einfach, aber Kritik zu äußern ist für viele Menschen eine genauso schwere Übung. Über andere zu reden ist so viel leichter, als direkt Dinge, die einem „querliegen" oder aufgefallen sind, anzusprechen.

Unsere Zufriedenheit ist in einem sehr hohen Maße

von einer hohen positiven Grundstimmung in unseren Beziehungen abhängig. Und die hat auch mit Ehrlichkeit zu tun. Seien Sie deshalb aufmerksam und mutig und wagen auch diese Gespräche.

So können „kritische" Gespräche gelingen:

• Reden Sie von sich
Benennen Sie konkret, was Sie wahrgenommen haben. Nicht „Das stört die ganze Gruppe", „Du nervst uns alle", sondern „Ich konnte mich so schwer auf das Gruppengespräch konzentrieren, weil ihr beide so viel miteinander gesprochen habt".

• Beschreiben und nicht bewerten
„Wir waren um 20.00 Uhr verabredet und ich habe eine halbe Stunde auf dich gewartet", bewirkt etwas anderes als „Nie kann man sich auf dich verlassen, immer kommst du zu spät".

Bewertungen sind Festschreibungen, die den anderen in die Verteidigungslinie bringen. Wer gesagt bekommt, dass er immer unpünktlich ist, kann an allen Fingern aufzählen, wann und wo er pünktlich war und vielleicht sogar auf Sie warten musste ... Und schon dreht sich Ihr Gespräch im Kreis.

• Ich fühle ...
Erspüren Sie, welches Gefühl bei Ihnen durch das Verhalten des anderen ausgelöst wird. Dies ist ein ganz wesentlicher Schritt. Nicht: „Auf dich ist einfach kein Verlass", „Du bist so unzuverlässig", sondern „Ich fühle mich hilflos", oder „Es macht mich traurig/ich bin ärgerlich, wenn ich so lange auf dich warten muss ..." Sie

bleiben bei sich. Sie lassen in Ihr Herz schauen, und das hat oft etwas Entwaffnendes – wenn es echt gemeint ist, also wirklich von Herzen kommt, was Sie aussprechen.

• Ich brauche …

Welches Bedürfnis verbirgt sich hinter einer Kritik? Für die Klärung sind wir selbst verantwortlich. Konflikte entstehen in der Regel, weil verschiedene Bedürfnisse aufeinanderprallen.

Die Geschirr klappernde Uta braucht Wertschätzung und Unterstützung. Ein „Nie kann ich mich auf euch verlassen", „Ihr seid so faule Socken" macht zwar der Wut Luft, bringt aber kaum weitere Erfolge. „Ich brauche eure Unterstützung, Jungs" klingt schon viel besser, und alles Weitere sollte die Familie dann in Ruhe besprechen.

• Ich wünsche mir …

Formulieren Sie Ihre Bitten positiv und konkret:

„Ich wünsche mir, dass ihr euch an die Absprache haltet, den Geschirrspüler nach dem Essen ein- und auszuräumen."

„Mir ist Verlässlichkeit so wichtig, bitte ruf doch an, wenn du merkst, dass du es nicht pünktlich schaffst."
Die beiden letzten Schritte (welches Bedürfnis habe ich, wie lautet die konkrete Bitte, der konkrete Wunsch) sind für die Betroffenen selbst sehr wichtig, um dem nebligen Gefühl der Unzufriedenheit und der allgemeinen Nörgelei („Ich fühl mich hier wie eure letzte Magd!") Ade zu sagen.

10. Grund:
Weil nette Menschen
nette Menschen treffen

Warum Freundschaft so kostbar ist

Kommt es Ihnen bekannt vor?

Ach, wie arm wären wir ohne unsere lieben Mitmenschen! Wir hätten ja niemanden mehr, über den wir uns so herrlich aufregen, schwarzärgern, niemanden, an dem wir herumerziehen könnten. Da wäre ja keiner mehr, der uns nervt, an dem wir rumnörgeln können. Es stimmt – der eigentliche Frust unseres Lebens wird meist nicht durch Dinge, sondern durch Menschen hervorgerufen. Umso mehr gilt sich bewusst zu machen: Der größte Reichtum unseres Lebens sind nicht der Sparstrumpf, nicht das abgezahlte Haus, erst recht nicht der schicke Kleinwagen, auch nicht der wie auch immer definierte Erfolg im Beruf, sondern der größte Reichtum unseres Lebens sind die Menschen, die uns auf unserem Lebensweg begegnen und begleiten. Menschen, in deren Nähe wir uns wohlfühlen, denen wir vertrauen, die uns guttun.

Deshalb zum Schluss in diesem Buch ein Blick auf das Beste! Der Mensch ist ein Gemeinschaftswesen, auf Beziehung angelegt. Der Mensch sucht das „Du". „Es ist nicht gut, dass der Mensch allein sei", steht auf den ersten Seiten der Bibel im Schöpfungsbericht. Wie wahr!

Der Mensch ist nicht auf sich allein gestellt. Das fängt schon mit dem freundlichen Paketboten an, der nicht müde wird, eine Nachbarin zu finden, die die Pakete für Sie annimmt, da ist die freundliche Kollegin, mit der Sie gern im Team zusammenarbeiten, da ist die zuverlässige Freundin, die es Ihnen nicht krummnimmt, dass Sie ihren Geburtstag vergessen haben, und da ist nicht zuletzt Ihr Partner, mit dem Sie gern Ihr Leben teilen. Das Beste in unserem Leben, der eigentliche Reichtum – es sind unsere menschlichen Beziehungen. Wenn Sie zurückblättern, entdecken Sie „die anderen" schon an vielen Stellen in den zurückliegenden neun Kapiteln. Ich lade Sie nun ein, diesem Schatz Ihres Lebens noch einmal besonderes Augenmerk zu schenken.

Der größte Reichtum unseres Lebens sind die Menschen, die uns auf unserem Lebensweg begegnen und begleiten.

Gelingende Beziehungen, gelebte Freundschaft sind das Lebenselixier schlechthin. In unserer Sehnsucht nach Geborgenheit, ohne die wir uns im Leben verloren fühlen, sind gute Beziehungen ein ganz wichtiger Schlüssel.

Unzufriedene Menschen sind oft einsame Menschen. Wer in Beziehungen investiert, investiert auch in die Zufriedenheit! Theodor Fontane findet für das Glück diese Beschreibung: „Was ist Glück? Eine Grießsuppe, ein weiches Kissen, keine Zahnschmerzen und gute Freunde."

Die Grießsuppe tauschen Sie vielleicht gern gegen einen frischen Salat, und auf dem Nackenstützkissen ruht es sich besser, mit den Zahnschmerzen können wir im 21. Jahrhundert glücklicherweise zum Zahnarzt gehen – aber mit Theodor Fontane verbindet uns über die Jahrhunderte die Einsicht über die Bedeutung von Freundschaften für unser Leben.

Freundschaften ergeben sich nicht einfach so, automatisch auf Knopfdruck, fallen nicht vom Himmel und sind gewiss nicht käuflich. Eine Freundschaft ist eine besondere menschliche Beziehung. Sie ist viel mehr als ein guter Kontakt (deshalb hüte man sich vor einem inflationären Gebrauch der Bezeichnung „Freund"). Die Verwandtschaft wird Ihnen in die Wiege gelegt. Wie eng oder locker Sie es auch immer halten mit Ihren Brüdern und Schwestern, Cousins und Cousinen, Onkeln und Tanten, Schwägern und Schwägerinnen – irgendwie gehören sie doch immer zu Ihnen. Verwandtschaft lässt sich nicht so einfach kündigen – und das ist auch gut so. Aber Freunde gehören freiwillig zu Ihnen und auch Sie sind freiwillig eine gute Freundin. Freiwillig – das bedeutet nicht „beliebig", denn eine Freundschaft hat ihre guten Spielregeln.

Entwicklungsmöglichkeiten

1. Freunde sind überlebenswichtig
Bei den Denkern, Philosophen, Künstlern, in der Bibel – die Freundschaft wird überall zum Thema gemacht. Was macht denn nun eine Beziehung zu einer Freundschaft?

Vielleicht ist es das: In einer Freundschaft dürfen Sie ehrlich sein. Die Gedanken und Gefühle wagen Sie zu teilen, das heißt, Sie teilen sich wirklich mit. Aber auch das: Ihre Freundin darf Ihnen offene Rückmeldung geben. Wer sich nur gefallen will oder dem anderen nur gefällig ist, erlebt und gibt keine Freundschaft. Deshalb redet ein

Freund nicht nach dem Mund. Schon deshalb kann man nicht Heerscharen zu seinen Freunden erklären.

Gewachsene Freundschaften sind sturmerprobt. Wohl dem Menschen, der in den Stürmen seines Lebens von Freunden gehalten ist. Wer bleibt bei Krisen, Krankheiten wohl an Ihrer Seite? Mit welchen Menschen in Ihrem Leben erleben Sie das? Wo müsste vielleicht „nachgebessert" werden?

Aber bitte schön!, das soll nicht zu kurz kommen: Freundschaften haben auch den Spaßfaktor. Gemeinsam erlebte Zeit, gefüllt mit Spiel, Spaß, Lachen, Wandern, Sport, gemeinsamen Essen (superwichtig!), Filme gucken …

2. Freunde sind keine Bekannten und Kollegen

Vielleicht haben Sie im Moment das Gefühl, dass sehr viele Menschen durch Ihr Leben gehen: In der Sportgruppe sind ein paar nette Frauen. Einmal im Jahr gehen Sie sogar zusammen essen und Sie kommen so unkompliziert miteinander ins Gespräch. Da sind die anderen Mütter, mit denen Sie regen Austausch haben, während Sie den Spielplatzsand durch die Finger rieseln lassen. Vielleicht sind Sie in einer christlichen Gemeinde. Dort fühlen Sie sich zu Hause. Nach dem Gottesdienst beim Kirchenkaffee geht's manchmal richtig lustig zu. Und die Kollegen – das ist vielleicht eine muntere Truppe!

Ich habe keinen Zweifel, Sie haben viele gute Bekannte. Wir sprechen aber jetzt über Freunde!

Verwechseln wir nicht die Umtriebigkeit, in der die Menschen in unser Leben hineinschneien und wieder gehen, mit Freundschaft. Wie schmerzlich ist es, wenn eine Ruheständlerin sagt: „Dreißig Jahre habe ich als Sozialarbeiterin gearbeitet. Immer hatte ich mit Menschen zu tun und war froh, abends meine Ruhe zu haben. Und jetzt? Jetzt merke ich, wie allein ich bin."

Damit wir uns nicht missverstehen: Nichts gegen die netten Leute auf der Arbeit, beim Sport und in der Gemeinde. Gerade wenn wir in intensivere Freundschaften investiert haben, können wir sehr entspannt diese freundliche Seite des Lebens, die uns auch in den oberflächlicheren Begegnungen geschenkt wird, genießen. Aber wir brauchen mehr als das.

3. Freunde sind Weggenossen – und manchmal trennen sich die Wege

Ich bin in meinem Leben ein paar Mal umgezogen. Als mein Mann und ich nach vielen Jahren gemeinsamen Lebens in Wuppertal nach Berlin zogen, feierten wir ein großes Abschiedsfest und in launiger Atmosphäre verkündete ich in die Runde: „Kommt uns doch besuchen!" und „Wir bleiben in Kontakt". Eine Frau, die auch schon einige Male umgezogen war, sprach mich an: „Ach, mach dir nichts vor, die meisten Kontakte verlieren sich." Damals konnte ich mir nicht richtig vorstellen, dass die vertrauten Menschen, mit denen ich z.B. so engagiert Jugendarbeit gemacht hatte, ja, die ich als meine Freunde bezeichnet hätte, sich verlieren würden in den Fotoalben meiner Erinnerung. Sie hatte recht. Ich musste nach einer Weile selbst feststellen: Es gibt sie, die Weggenossen auf dem Lebensweg. Und es ist eine grenzenlose Überforderung, wenn wir meinen, alle, alle Freunde und Weggefährten im Lebensgepäck halten zu können.

Gleichzeitig merke ich, dass einige Freundschaften die Ortswechsel und die lange Zeit überdauern – eine gute Erfahrung.

Manchmal also trennen sich die Wege, weil wir Freunde auf dem Weg verlieren. Nicht nur durch Ortswechsel, wie eben erwähnt. Ja, wir können Menschen verlieren. Der Vertrauensbruch ist wohl der schmerzlichste Grund für den Verlust einer Freundschaft. Manchmal wenden sich auch Menschen ab, sie brechen den Kontakt ab. Vielleicht müssen Sie selbst eine Freundschaft beenden, weil Sie merken, dass sich die Lebensstile und -einstellungen so stark unterscheiden. Und große Vorsicht ist geboten, wenn sich Freunde nicht auf Augenhöhe begegnen. Augenhöhe fehlt, wenn die eine die andere beneidet, der eine sich am anderen misst. Oder man fühlt sich ausgenutzt.

Wenn es Ihnen möglich ist, schleichen Sie sich in einer solchen Situation nicht einfach aus einer Freundschaft wie ein Dieb in der Nacht, sondern nehmen Sie Abschied.

4. Freundschaften sind wie Pflanzen, sie brauchen unsere Pflege

Für mich sind meine Freundinnen neben meiner Familie die wichtigsten Menschen in meinem Leben. Je älter ich werde, umso kostbarer werden mir diese Beziehungen, und ich lerne immer mehr, wie viel Pflege und Augenmerk sie brauchen.

Freundschaft braucht Regelmäßigkeit. Das kann ganz unterschiedlich aussehen. Wer örtlich getrennt ist, schickt immer wieder ein Lebenszeichen: Sie greifen zum Telefonhörer, schreiben eine E-Mail oder ein solides gutes, altes Postkärtchen. Die nahen Freunde wollen sich sehen, zusammen Zeit verleben, miteinander essen. Kümmern Sie sich um diese Pflanzen. Manchmal geht das nicht ohne Terminkalender und richtige Planung. Aber Pflege lohnt sich, denn die Früchte, die Sie ernten, sind wunderbar zu genießen.

Und ich verspreche Ihnen, wenn uns etwas helfen kann, wirklich wieder lockerzulassen, dann ist es die Freundin, die uns mit ihrer Perspektive und einfach mit ihrem „Dasein" beim Entspannen hilft.

... und noch
½ Grund:

Weil der, der etwas wagt,
viel gewinnen kann

Warum es gut ist,
gleich einen ersten Schritt zu tun

Sie haben *10 1/2 gute Gründe, lieber locker zu bleiben* gelesen. Prima! Bevor Sie aber das Buch jetzt ins Regal stellen oder einer Freundin leihen, wünsche ich mir etwas von Ihnen: Bitte blättern Sie noch einmal die Seiten durch.

Dieses Buch ist ein Mitmach-Buch. Ich hoffe, Sie haben hier und da mit einem Stift einen Gedanken kräftig unterstrichen. Gibt es Ausrufezeichen am Rand, vielleicht auch hier und da ein Fragezeichen? Was ist denn jetzt der nächste Schritt? Bitte gehen Sie ihn. Alles beginnt mit einem ersten großen oder kleinen Schritt!

An welcher Stelle des Buches hatten Sie am stärksten das Gefühl: „Oh, jetzt redet die Autorin aber von mir!"? – Das Gelesene will Wirkung zeigen. Es geht um Ihr Leben, um Ihre Schritte, die Sie gehen können. Und deshalb macht es auch ein wenig mehr Arbeit als „nur" ein Buch zu lesen, hier und da „aha" zu denken. Glauben Sie mir – Veränderung ist möglich. Wir können es immer wieder erleben!

Weitere Titel derselben Autorin:

10 1/2 Gründe
… immer wieder denselben
Mann zu küssen

2. Auflage
112 Seiten, kartoniert
ISBN 978-3-7655-3909-1

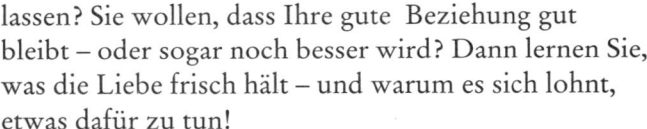

Sie wollen sich nicht von Trennungen um Sie herum herunterziehen
lassen? Sie wollen, dass Ihre gute Beziehung gut
bleibt – oder sogar noch besser wird? Dann lernen Sie,
was die Liebe frisch hält – und warum es sich lohnt,
etwas dafür zu tun!

———————

10 1/2 Gründe
… es nicht mehr allen
recht zu machen

5. Auflage
80 Seiten, kartoniert
ISBN 978-3-7655-3768-4

BRUNNEN VERLAG GIESSEN
www.brunnen-verlag.de